Henry Nettleship

Passages for Translation into Latin Prose

Henry Nettleship

Passages for Translation into Latin Prose

ISBN/EAN: 9783743393622

Manufactured in Europe, USA, Canada, Australia, Japa

Cover: Foto ©Thomas Meinert / pixelio.de

Manufactured and distributed by brebook publishing software (www.brebook.com)

Henry Nettleship

Passages for Translation into Latin Prose

Neue
in der
Naturgeschichte
des
Nieder-Deutschlandes
gemachte
Entdeckungen
einiger seltenen und wenig bekanten
versteinerten
Schaalthiere,
Zur
Erweiterung und Ergänzung des Thierreichs beschrieben von

J. W. C. A. Freyherrn von Hüpsch,
Mitgliede der königlichen Akademie der
schönen Wissenschaften und der Societät der
Agricultur zu Rochelle und andrer
gelehrten Gesellschaften.

Mit Kupfertafeln.

Frankfurt und Leipzig,
In der Metternichischen Buchhandlung
1768.

PLINIUS.

In Contemplatione Naturæ nihil supervacaneum.

LEIBNITIUS.

Præstat rem ipsam intueri, & manifesta sepulti Animalis argumenta agnoscere.

PROTOG.
§. 23. pag. 38.

Seiner Churfürstlichen

Durchlaucht,

Dem
Durchlauchtigsten Fürsten
und
Herrn, Herrn

Carl Theodor

Pfalzgrafen bey Rhein;
des
H. Römischen Reichs
Erzschazmeistern
und

Churfürsten;

Herzoge
In
Bayern, zu Jülich, Cleve,
und Berg;

Fürsten zu Mörs;
Marquisen zu Bergen=
op=Zoom;

Grafen
zu
Veldenz, Sponheim, der Mark
und Ravensberg;

Herrn zu Ravenstein,
2c. 2c. 2c.

Meinem Gnädigsten
Fürsten und Herrn.

Durchlauchtigster
Churfürst,
Gnädigster
Fürst und Herr!

Zwo Ursachen bewegen mich die unterthänigste Freyheit zu nehmen, Eurer Churfürstlichen Durchlaucht gegenwärtige Abhandlungen aus der Naturgeschichte in tiefester Ehrfurcht zu widmen.

)(6)(

Vors erste haben Eure Churfürstliche Durchlaucht jederzeit ein besonders gnädiges Wohlgefallen an der so angenehmen Naturgeschichte blicken lassen und daher ein unvergleichliches Naturalien-Cabinet, welches die wichtigsten Classen der Naturgeschichte enthält und denen weitläuftigsten Cabineten in Europa an seltenen Naturwerken nicht weichet, zu Manheim anlegen lassen.

Vors andre kommen diejenigen seltenen und neu entdeckten versteinerten Schaalthiere, die ich in gegenwärtigen Abhandlungen umständlich beschreibe, aus dem Erdboden höchstdero Herzogthume Jülich her. Dieser Umstand hat mir vorzüglich die ehrfurchtvolle Freyheit eingeflösset, Höchstdenenselben die Beschrei=

ſchreibung dieſer merkwürdigen natürlichen Seltenheiten höchſtdero mineralreichen Länder unterthänigſt zu zuſchreiben.

Die höchſtrühmliche Stiftung der berühmten Manheimiſchen Academie der Wiſſenſchaften, welche die Naturgeſchichte mit der Hiſtorie zum Gegenſtande hat und deren Mitglieder ſo unermüdete Naturforſcher, als einſichtreiche Alterthumskündiger ſind; die Errichtung eines ſo weitläuftigen Naturalien-Cabinets und beſonders das gnädige Gefallen, welches Höchſtdieſelben an Betrachtung der ſeltenen Werke der Natur bezeigen, erwecket bey mir die gehorſamſte Zuverſicht, daß Eure Churfürſtliche Durchlaucht dieſe phyſikaliſchen Betrachtungen einer gnädigen

digen Aufnahme zu würdigen groß‌müthigst geruhen werden.

Es wird mir ein besondres Glück wiederfahren, wenn Eure Chur‌fürstliche Durchlaucht diese physika‌lischen Betrachtungen gnädigst auf‌zunehmen und mich höchstdero un‌schäzbaren Huld und Schutz zu wür‌digen geruhen werden. Durch diese vorzügliche Gnade werde ich aufge‌muntert werden, verschiedene andre seltene Naturwerke (welche uns der an Mineralien, Fossilien und andren natürlichen Seltenheiten reiche und fruchtbare Erdboden höchstdero Her‌zogthümer Jülich und Berg darrei‌chet) umständlich zu beschreiben und dieselbe der gelehrten Welt, beson‌ders denen ausländischen Liebhabern der Naturgeschichte, bekant zu ma‌chen.

Ich

Ich habe demnach die Gnade mit
der tiefesten Ehrerbietung zu verhar=
ren,

Durchlauchtigster Churfürst,
Gnädigster Fürst und Herr!

Eurer Churfürstlichen Durchlaucht

Unterthänigst=gehorsamster
Diener,

Cölln am Rheine,
den 20. Octob.
1768.

Freyh. von Hüpsch.

Nachricht
von der
Herausgabe einer Naturgeschichte
des
Niederdeutschlandes.

Ich bedaure es sehr, daß ich vieleicht meinen gelehrten Lesern durch eine lange Vorrede zu einem so kleinen Werke muß überdrüßig werden. Sie werden mir aber erlauben, ihnen einige nöthige Errinnerungen zu machen.

In

In dem ersten Theile meines oeconomischen Werkes (*) habe ich nicht ohne Grund behauptet, daß die Oeconomie die nüzlichste, hingegen die Naturgeschichte die angenehmste Wissenschaft sey; denn sie verschaffet uns ein unschuldiges Vergnügen und einen nüzlichen Zeitvertrieb. Man bedarf nur einen Blick auf diejenige Sammlung der Naturwerke, welche die versteinerten Körper enthält, werfen; so wird man mit Verwunderung anmerken, daß eine Schnecke, eine Muschel, ein Krebs, eine Schlange, ꝛc. vollkommen in einem harten Steine verwandelt sey, dennoch diese Thiere ihre natürliche Figur, Grösse, Lage und

Ver=

(*) Nüzliche Beyträge zur Oeconomie und dem landwirtschaftlichen Leben. Frankfurt und Leipzig, in der Metternichischen Buchhandlung 1766.

Verhältnis aller Theile behalten haben. Ja, wer nur etwas von einer gescheidten Denkungsart besitzet, der wird uns ganz gerne einräumen, daß die Versteinerungen billig unter die merkwürdigsten und seltsamsten Erscheinungen in der Natur zu rechnen seyn.

Bey Betrachtung der vielfältigen Versteinerungen wird man ferner an denenselben unwidersprechliche Zeugen von denen merkwürdigsten Veränderungen (†), welche auf unsrem jez bewohnten Erdboden in denen ältesten Zei=

(†) Daß sich auf unsrem Erdboden ehemals erstaunliche Ueberschwemmungen und Veränderungen der Lage des Meeres zugetragen haben, ist von mir in dieser Schrift erwiesen worden: Physikalische Abhandlung von der vormaligen Verknüpfung und Absonderung der alten und neuen Welt und der Bevölkerung Westindiens, 2c. Cölln, 1764.

Zeiten vorgegangen sind, antreffen. Dies beweiset die Menge der versteinerten Meergewächse, Schnecken, Muscheln, und andrer Schaalthiere, die ehemals lebendige Geschöpfe gewesen und im Meere gelebt, nun aber auf hohen Bergen und in der Tiefe des trocknen Landes gefunden werden. Man findet in Deutschland und in andren europäischen Ländern Muscheln, Schnecken, ꝛc. die nur in dem indianischen Meere noch vorhanden sind (††). Hiervon besitze ich Beyspiele in mei=

(††) Die Untersuchung von dem Ursprunge der versteinten Körper und ihrer Lagerstätte kan zur Erfindung neuer Wahrheiten, ja zur Aufklärung der wichtigsten Begebenheiten unsres Erdbodens vieles beytragen. Es geht aber nicht an, wenn man mit Woodward, Scheuchzer, Pluche, und andren berühmten Naturalisten behaupten wil, daß die Versteinerungen von

meinem Cabinet und es werden sich in andren Naturkammern noch mehrere Proben davon finden. Ich besitze einen hüblichten Schneckenstein (Cochlitem tuberosum), welcher auf einem hohen Berge in Lothringen gefunden worden. Hingegen komt die original Schnecke (welche auch besitze und die dem gemeldten Cochlithen in allem aenlich ist) aus dem indianischen Meere her.

Die Naturgeschichte verursachet uns nicht allein ein besondres Vergnügen; sondern sie verschaffet auch erhebliche Vortheile zur gemeinen Wohlfahrt. Mein guter Freund, der gelehrte Herr

Hof=

---

von der Sündfluth herstammen. Dies war ehemals eine fast algemeine Meynung, aber ein in der Geschichte unsrer Erdkugel ungegründeter Satz.

Hofrath Baumer, ersterer Professor der Arzeneylehre zu Giessen, hat in seinem vortreflichen Werke der Naturgeschichte des Mineralreichs, in dem Vorberichte des zweyten Buchs den Nutzen und die Nothwendigkeit der natürlichen Historie hinlänglich erwiesen (*), wohin ich meine gelehrten Leser verweise.

Wenn man ohne Vorurtheile die verschiedenen erheblichen Vortheile, welche die Naturgeschichte der Handlung, denen Wissenschaften, Künsten und Handwerken verschaffet, in Rücksicht nimt; so wird man überführt werden, daß die Bemühungen derjeni=

(*) Eben dieses hat noch weitläuftiger mein geehrter Freund, der einsichtreiche Herr Professor Beireis in Helmstädt in einer kleinen Schrift (De Utilitate & Necessitate Historiæ naturalis, &c. Helmstadii, 1759.) dargethan.

nigen Liebhaber (welche allerhand Naturwerke samlen, daraus Naturaliencabinete errichten und die Naturgeschichte mit Eifer und Fleiße durch neue Entdeckungen, Beobachtungen und Versuche erweitern) nicht ohne Früchte, Nutzen und Verdienste sind. Nur wünschte ich, daß viele Liebhaber allgemein nüzliche Absichten bey ihren Samlungen hegen möchten. Ich wil nicht alle Liebhaber zu Schriftstellern machen. Nur wünschte ich, daß sie zum wenigsten ihre merkwürdigsten Seltenheiten der Natur bekant machen ließen(**). Noch mehr wünschte

---

(**) Wie viele schöne und seltene Naturwerke bleiben in denen Naturalienkammern (so wie auch viele wichtige Alterthümer und Kunstsachen) im dunkeln vergraben; da doch dieselbe eine Beschreibung verdienten. Die Sammler und Liebhaber sind aber in eine solche Furcht und

)(17)(

te ich, daß nach meinen Vorschlägen diejenigen Liebhaber, welche nicht mit Amtsgeschäften beladen sind, sich die Mühe gäben, eine ordentliche Vorlesung über die Naturgeschichte (nach vorhergegangener Vorlesung der Naturkunde) der studierenden Jugend zu machen. Bey jeder Vorlesung müsten
B die

---

und irrigen Wahn versetzt; daß, wenn ihre Raritäten der gelehrten Welt bekant gemacht würden, ihre Schätze und Ruhm darunter leiden möchte und daher einem Schriftsteller die Bekantmachung derselben gar nicht gönnen. Aus eben dieser Ursache folget auf eine untriegliche Art, daß so lange in einem Lande der Handwerksneid unter denen Samlern, Liebhabern und Gelehrten herschen wird; so lange wird die Naturgeschichte und andre Wissenschaften keine allgemeine Aufnahme zu verhoffen haben. Eine dieser Anmerkung aenliche Stelle kan man in folgendem neu gedruckten und so betitelten satyrischen Werke (der niederrheinische Zuschauer 2c. Rhenopolis 1766) im siebenten Artikel des ersten Theils nachsehen.

die Naturwerke, z.E. die Mineralien und Foßilien nach systematischer Ordnung vorgelegt und über jedes Stück eine Erklärung gegeben werden. Alsdenn würde sich erst der algemeine Nutzen zeigen. Wie gerne wolte ich meine Samlungen dazu herleihen, ja dieselbe zu einem öffentlichen Cabinete widmen. Nur ist zu bedauren, daß kein Gelehrter noch Liebhaber diese Mühe ohne Belohnung auf sich nehmen wird, auch kein vornehmer Gönner sich hier zu Lande finden wird, der diese so rühmliche als nüzliche Bemühungen unterstützen wolte. Daher werden meine Wünsche noch so lange fruchtlos seyn. Der berühmte Morhosius (***)

hat

(***) Id verò certum est, si Princeps aliquis tale Theatrum instrueret, aut in Academiis, quemadmodum Bibliothecæ publicæ, inveniretur major

hat schon längst, und mit ihm der gelehrte Benedictiner, Oliverius Legipont (****) einen, meinen jez gemachten Vorschlägen, aenlichen Gedanken gehabt.

B 2 Ich

---

major confluxus Studioforum has impenfas facilè refarciret : immenfos enim fructus illa res præftaret, multifque laboribus & impenfis ftudiofam juventutem fublevaret. Alios quoque etiam illiteratos curiofiores alliceret, unde multis accefsionibus brevi tale Theatrum augeri poffet, & tota Rerum Univerfitas in unam veluti domum compacta Spectatoribus, non fine fructu & delicio, exhiberi, &c. *Polyhift. Liter Lib.* 2. *Cap.* 4. *de Subfid. dirig. Jud.* §. 41. *pag.* 349.

(****) Ab eo autem tempore complures hujus Difciplinæ (Hiftoriæ naturalis) Cultores ex Italis, Gallis, Anglis, Germanis in eadem ftudia confpirârunt, ita ut, quemadmodum ex Antiquitatum evolutoribus, fic etiam ex Naturæ Curioforum Scriptoribus integrum corpus facilè

con-

Ich wil diese Gedanken bey Seite setzen und nun auf mein Vorhaben kommen. Gegenwärtige Beschreibungen einiger seltenen und wenig bekanten versteinerten Schaalthiere sind gleichfals eine Probschrift von der Herausgabe einer Naturgeschichte des Niederdeutschlandes. Wird dieser kleine Versuch Beyfal finden; so werde ich aufgemuntert werden, eine ganze Naturgeschichte des

---

confici possit. Quare operæ pretium haud leve faceret, optimeque de Orbe erudito mereretur, qui hanc strenuè occuparet provinciam. Sed uti hoc opus inter Desiderata litteraria habetur, ita & istud apud Eruditos maximè in votis est, ut nostris in Academiis publicum quoddam Naturæ & Artis Museum institueretur, in quod Curiosa quæque certis quibusdam receptaculis asservata, ac subinde per vivam demonstrationem oculis animisque sistenda, inferrentur. *Differt. Philogog. Bibliograph. Differt.* 4. §. 7. pag. 282. 183.

des Niederdeutschlandes (†) zu ver=
fertigen. In dieser Naturgeschichte
werden hauptsächlich die merkwürdig=
sten Seltenheiten der Natur, die sich
nicht aller Orten finden oder unbekant
sind (††) oder sonst einige Aufmerk=
sam=

(†) Zu diesem algemein nüzlichen Werke ha=
be ich schon verschiedene schöne Stücke aus un=
sren Gegenden gesamlet. Ich kan nicht um=
hin ohne die edle Gesinnung und den rühm=
lichen Fleiß in, zu diesem Werke, gemachten
Beyträgen des Herrn von Springer, Kayserl.
Artillerie Hauptmann, öffentlich zu verdanken.
Dieser einsichtreiche Kenner natürlicher Sel=
tenheiten hat die vorzügliche Güte gehabt,
mir einige niederländische Versteinerungen da=
zu mitzutheilen.

(††) Es ist jederzeit in der gelehrten Welt,
seit dem der unsterbliche Cartesius und Gas=
sendus die peripatetische Philosophie aus de=
nen Schulen weggeschaffet haben, eine aus=
gemachte Sache gewesen, daß diejenigen Wer=
ke,

samkeit verdienen, mit dazu gehöri=
gen nach der Natur gezeichneten und
mit Farben erleuchteten Kupfertafeln
beschrieben werden. Da ich nun aber
meine Naturgeschichte hauptsächlich
auf

---

ke, welche neue Wahrheiten, das ist, neue
Entdeckungen, Versuche, Beobachtungen und
unbekante Untersuchungen enthalten, einen
Vorzug verdienen, und einen besondren Nu=
tzen, zur Erweiterung der Gelehrsamkeit, ver=
schaffen. Daher, um meinen Lesern etwas
neues und nüzliches zu liefern, habe ich bey
denen Fossilien hauptsächlich das Augenmerk
auf drey nöthige Gegenstände. 1.) Sehe ich
auf die Seltenheit der Thiere, Muscheln,
Schnecken, Pflanzen, ꝛc. Die man verstei=
nert findet, die aber nicht oder wenig bekant
sind. Diese Absicht dienet zur Erweiterung
und Ergänzung des Thier= und Pflanzen=
Reichs. 2.) Beobachte ich die Aenlichkeit und
Verschiedenheit der Figur, Grösse und Zufälle
deren Versteinerungen untereinander: weil man
dadurch das Geschlecht und die Art kennen ler=
net.

auf die niederdeutschen Gegenden einschränke; so werden vorzüglich diejenigen Fossilien, Mineralien, Insecten, ꝛc. ꝛc. welche aus folgenden Landschaften herkommen und die sich meistentheils in meinem Naturaliencabinet finden, beschrieben werden.

B 4 Die=

net. 3.) Richte ich meine Betrachtung auf die Steinart des versteinerten Körpers und der Mutter (das Lager der Fossilien), in welcher derselbe ligt. Diese Betrachtung ist zur Aufklärung der Structur unsres Erdbodens, besonders der Flötzgebürge, sehr nöthig. Die Naturgeschichte vieler Länder wird immer in ihrer Kindheit bleiben, wenn man ihr nicht durch diese und hundert dergleichen Untersuchungen unter die Armen greifet. Allein die meisten Samler natürlicher Seltenheiten bekümmern sich gar nicht um dergleichen Absichten. Einige begnügen sich nur damit, daß sie die gelehrten Benennungen ihrer schönen

Rari=

Diejenigen mineralreichen Landschaften, die ich unter dem Nahmen von Niederdeutschland, samt ihren angränzenden Ländern, zusammenrechne und von deren Naturalien ich die Beschreibung machen werde, sind nemlich diese: 1.) die Herzogthümer Jülich

---

Raritäten herzusagen wissen, ja nur mit ihren Samlungen zu prahlen; andre beschäftigen sich nur mit systematischen Classificationen, mit ins Auge fallenden Schönheiten und, in einem Worte, sie zerbrechen sich nur den Kopf mit Tändeleyen, da sie hingegen gar ofte die Hauptsache dabey vergessen, nemlich den Ursprung dieses oder jenen natürlichen Körpers zu untersuchen und Betrachtungen zu machen, die ein neues Licht in die Geschichte der bewunderenswürdigen Werke der Natur geben könten. Mir deucht aber, daß die Naturaliensamler, die sich gelehrt dünken, etwas mehr davon verstehen solten, als der gemeine Mann, dem es gleichgültig ist zu wissen, was ein seltenes Naturwerk sey, und woher es seinen Ursprung habe.

Jülich und Berg. 2.) Die Churfürstenthümer Mäynz, Trier und Cöln. 3.) Die Eifel, z. E. das Herzogthum Aremberg, die Grafschaft Blankenheim, ꝛc. 4.) Die Herzogthümer Cleve und Geldern, die Grafschaft Mark, ꝛc. 5.) Westphalen z. E. die Bischofthümer Münster, Paderborn, Osnabrück, das Herzogthum Westphalen, ꝛc. 6.) Das Herzogthum Lothringen, Bischofthum Lüttig, Fürstenthum Nassau, ꝛc. 7.) Die oesterreichischen Niederlande; z. E. die Herzogthümer Brabant, Limburg, Luxemburg, Flandren, Hennegau, ꝛc. 8.) Die Provinzen der vereinigten Niederlande, als Holland, ꝛc.

Viele Liebhaber der natürlichen Historie haben schon längst eine Naturgeschichte von unsren niederdeutschen Gegenden gewünschet. Niemand aber hat

hat diese Arbeit unternehmen wollen (*). Ich habe mich nun wirklich an diese Arbeit gewagt. Ich wil also nicht hoffen, daß man mich darüber beneiden werde, indem ich einem andren Liebhaber gar gerne diese Bemühung überlassen wolte. Da dieses Werk unsrem niederdeutschen Vaterlande Ehre und Ruhm machen kan (**): weil es reich an Mineralien,

Fos-

(*) Die einzigen Schriftsteller, welche einige Punkte der niederdeutschen Naturgeschichte berührt haben, sind die zween gelehrten Männer, Herr Herman Nunning und Herr Henrich Cohausen, gewesen. Diese ruhmwürdigen Männer haben einige Versteinerungen aus Westpfalen, z. E. die Ammoniten, Echiniten, ꝛc. zu einer Zeit beschrieben, da die Naturgeschichte nicht so hoch, wie heut zu Tage, gestiegen war. Commerc. Litterar. &c. *Tom.* 1. *Epist.* 1. 2. *& seq.*

(**) Meine Leser werden gar leicht einsehen,
daß

Foſſilien und andren natürlichen Merk=
würdigkeiten iſt; ſo lebe ich der Zuver=
ſicht, daß ſich Liebhaber, Freunde und
Gönner finden werden, die dazu nüz=
liche Beyträge in Mittheilung ſchöner
verſteinerten Körper, Untererdgewächſe
und andrer Naturalien zu machen belie=
ben werden (†). Ich erbiete mich alle
merk=

---

daß wir dieſes mühſame Werk keinesweges in
Abſicht eines Eigennuzen; ſondern bloß zum
Ruhme unſres niederdeutſchen Vaterlandes
und zur Erweiterung der Naturgeſchichte unternommen haben. Es läſſet ſich gar leicht
begreiffen, daß dieſe Unternehmung viele
Mühe und Unköſten verurſachet: denn deß=
wegen müſſen Reiſen, Verſuche, Beobachtungen, ꝛc. angeſtelt werden, welche Unköſten,
Unverdroſſenheit, Mühe und einen unermüdeten Fleiß erfodern. Hierzu haben wir auch
ſchon längſt den Anfang mit Eifer gemacht,
und eine beſondre Samlung in dieſer Abſicht
angelegt.

(†) Hierinnen haben wir die gemeinnüzliche

Ge=

merkwürdige Stücke von Versteinerungen, Erztgewächsen, Steinarten, Insecten, ꝛc. ꝛc. welche mir die Herren Liebhaber und Gönner aus denen verschiedenen vorher angemerkten Gegenden mittheilen werden, in diesem algemein-nützlichen Werke der Naturgeschichte von unsrem Niederdeutschlande zu beschreiben, bekant zu machen, und dafür meinen lebhaftesten Dank öffentlich abzustatten.

Daher habe ich nicht allein alle Herren Liebhaber, welche Naturaliencabinete besitzen; sondern auch alle Herren Besitzer, Aufseher, Verwalter ꝛc. deren in hiesigen niederdeutschen und

---

Gesinnung des Herrn Residenten von Bossard zu rühmen, der die Güte gehabt, uns dazu Beyträge von Versteinerungen anzuerbieten.

und angränzenden Länder befindlichen Bergwerken, Steinbrüchen, ꝛc. höflichst ersucht, mir zu dieser so nüzlichen als rühmlichen Bemühung, alle besondre Erztgewächse, seltene Steinarten, merkwürdige Versteinerungen und sonst andre seltsame Naturalien, welche ihnen vorkommen solten, gütigst mitzutheilen († †).

Wenn

(† †) Wie unglücklich ist zu weilen eine Gegend, welche reich an Naturwerken ist, wo aber die Herren Gelehrten und Liebhaber in den Armen des Müssiggangs herumgehen und sich nur mit prächtigen Titeln aufblähen. Unter diese Classe gehört billig der Herr Cabinetsdirector M ∗∗∗∗∗∗, der sich nicht schämet offenherzig zu sagen: Je ne m'amuse pas à courir les Champs, pour ramaſer des Pierres, &c. das ist: Ich beschäftige mich nicht das Feld zu durchlauffen, um Steine zu samlen. Unvergleichlicher Gedanke! Wir haben uns also
weni-

Wenn vieleicht die ausländischen Herzen Liebhaber der Naturhistorie und die Herzen Gönner dieses Werkes einige seltene Stücke von ausländischen Fossilien, Mineralien, Insecten, Thieren, und andren Naturalien (deren Be=

---

wenige Beyträge von diesem fleissigen Manne zu versprechen. Wir machen aber auch ganz gerne ein Verzicht auf seine Entdeckungen. Allein man kan diesen hochgelehrten Herrn Cabinetsdirector, als einen wahrhaften Stein= atheisten betrachten, der sich wenig darum be= kümmert, was in und auf dem Erdboden seines Landes vorhanden ist; da es doch vor= züglich seine Pflicht ist, die Naturwerke zu samlen. Wenn die grösten Weltweise und be= sonders die eifrigsten Naturaliensamler vor un= sren Zeiten so träge, wie der Herr Cabinetsdi= rector M*** gewesen wären; so würde nicht allein die Naturgeschichte noch unter der Bank ligen: sondern dieser hocherfahrner Cabinets= director würde nicht einmal diejenigen Sel= tenheiten kennen, worüber ihm die Aufsicht
gege=

Beschreibung einigen Beytrag zur Erweiterung der Naturgeschichte machen kan) besitzen solten und solche gern bekant gemacht hätten; so erbietet man sich dieselbe auch in diesem Werke zu be=

---

gegeben worden. Vieleicht würde er alsdann einen versteinten Elephantenzahn für einen Backenzahn des grossen Goliath oder eines Riesen gehalten haben. Ich weiß nicht, ob man sich wohl eine so belachenswürdige Gesinnung, als diese ist, vorstellen könne. So viele berühmte Naturforscher haben auf eine unermüdete höchstrühmliche Art die gefährlichsten Reisen unternommen, die beschwärlichsten Beobachtungen gemacht und die steilesten Berggegenden bewandert, bloß um die Naturhistorie mit neuen Entdeckungen zu bereichern. Hierinnen haben Barba, Rumph, Scheuchzer, und viele andre Naturkündiger einen unsterblichen Ruhm verdienet. Ja noch zu unsren Zeiten, die Königlich = Dänische Gesellschaft, welche in Arabien und andren orientalischen Ländern durch die ruhmwürdigste

beschreiben, dåfern die Herren Besitzer die Güte haben wollen, die bekant zu machenden Sachen durch den wohlfeilsten Weg einzuschicken.

Der Herr von Leibniz, Herr D. Lieb-

―――――――――

ste Freygebigkeit des unvergleichlichen Königs Friderichs V. geschickt worden. Der Herr Cabinetsdirector M. ist aber nach seiner eigenen hochmüthigen Sage viel zu zärtlich, daß er die Felder durchlauffen solle, um Steine zu samlen. Er begnüget sich damit seine Zuhörer in Bewunderung zu setzen, daß er von allen Naturwerken systematisch zu reden und dieselbe schulmässig herzunennen weiß. Wir wissen also diesem gutherzigen Manne keine andre Verdienste zuzueignen, als nur dieses Denkmahl wegen seiner ausserordentlichen Denkungsart (dergleichen man bey wenigen Liebhabern antreffen wird) vorzuschlagen, daß man ihn nemlich nach seinem Tode in Weingeiste unter der Classe der seltenen Geschöpfe oder neben den Affen in ein Naturaliencabinet hinsetzte.

Liebknecht und andre geschickte Männer haben schon längst gewünschet, daß in jedem Lande fleissige Naturforscher wären, welche sich bemüheten die mineralischen Körper und andre in die Naturgeschichte einschlagende Gegenstände ihres eigenen Landes zu beschreiben; alsdenn würde man einmal eine volständige Naturgeschichte zu erhalten Hofnung haben; und so wohl unsren Erdboden als die darin befindlichen mineralischen Körper, welche dem menschlichen Geschlechte so grosse Vortheile verschaffen, näher kennen lernen. Daher schreibt mit allem Rechte der Herr Baumer in folgenden Worten: Wenn aber die glückliche Zeit komt, daß man in allen Ländern ernstliche Bemühungen darüber anstelt und diese sorgfältig miteinander vergleichet; so wird diese Erkentnisart nicht nur selbst mit vielen

Wahr=

Wahrheiten bereichert, sondern auch verschiedene andre damit zusammenhangende Wissenschaften und Künste in ein mehreres Licht gesetzet werden (*). Es haben sich schon viele geschickte Män=

(*) Der Herr von Leibniz äussert hierüber seine Gedanken folgender massen: si conferrent operam diversarum Regionum Viri docti & curiosi; superficies Globi nostri paulo melius nosceretur, und der Herr D Liebknecht druckt sich also darüber aus: Optandum quoque esset, ut hinc inde per Germaniam inque aliis locis degentium Collectiones istarum Rerum ac Observationes publicarentur, & bene sibi invicem conferrentur. *Hall. subter. specim. Sect.* 3. Cap. 1. § 21. pag. 413. 414. und an einem andren Orte schreibt der Herr Hofrath Baumer von denen Beförderungsmitteln der Naturgeschichte durch Gelehrte, wo er mit allem Grunde saget: da es, wegen der Grösse des Erdbodens und der Menge der mineralischen Körper, unmöglich eines Menschen Werk ist, die Naturgeschichte hinlänglich vorzutragen; so wäre es sehr gut, wenn die geschicktesten und wohlgesinntesten Gelehr=

Männer die Mühe gegeben, die Naturgeschichte ganzer Länder und einzelner Landschaften mit vielem Fleiße, Reisen und Unkösten zu beschreiben, wie man dies weitläuftig in der Bibliotheck des Thier= und Stein= Reichs (†) des Herrn Gronovius ersehen kan. Allein von unsren Gegenden hat

lehrten, deren Umstände es nur einiger maßen erlaubten, eine lang fortgesetzte und gründliche Untersuchung ihrer Gegend anstelten und solche der gelehrten Welt mittheilten; welches schon mehrere verdiente Männer von den Orten ihres Aufenthalts geleistet haben; so könte endlich, durch die Zusammenhaltung dieser Theile ein Ganzes verfertiget werden. Naturgeschichte des Mineralreichs I. Theil. Vorbericht, §. 9.

(†) Bibliotheca Regni animalis & lapidei, seu Recensio Auctorum & Librorum, qui de Regno animali & lapideo methodice, physice, medice, &c. tractant. Lugduni Batavorum, 1760.

man noch keine Beschreibung der darin befindlichen Mineralien, Foßilien und andrer natürlichen Seltenheiten. Daher sind vieleicht ehemals die ausländischen Liebhaber auf das Vorurtheil verfallen, daß wir in unsren niederdeutschen Ländern wenige Merkwürdigkeiten der Natur besäßen. Das Gegentheil wird sich aber in der Folge dieses Werkes zeigen; denn die gütige Natur, welche wunderbar in Austheilung ihrer Werke ist, hat unsren niederdeutschen Ländern Reichthümer an Erztgewächsen, Steinarten, versteinerten Körpern, ꝛc. ꝛc. mitgetheilt, darunter sich einige merkwürdige Stücke finden, welche andre Gegenden nicht aufweisen können.

Ich überreiche hiermit also meinen geneigten Lesern und Gönnern die Probschrift meiner Naturgeschichte des
Nie=

Niederdeutschlandes, welche eine deutliche und umständliche Beschreibung einiger neu entdeckten, wenig bekanten und seltsamen versteinerten Schaalthiere, zur Erweiterung und Ergänzung des Thierreichs, enthält. Da demnach vieleicht denen ausländischen Liebhabern wird angelegen seyn, in ihren Samlungen dergleichen versteinerte Schaalthiere, Meergewächse und andre Naturwerke aus hiesigen Gegenden zu besitzen; so erbiethe ich mich ihnen dergleichen zu zuschicken, und dagegen, was mir in meinen Samlungen von ausländischen Mineralien, Fossilien und andren Seltenheiten abgeht, wiedrum von ihnen zu erhalten. Daher diejenigen ausländischen Liebhaber, welche mich darüber mit ihrem Briefwechsel beehren wollen, nur gerade deswegen mir zu zuschreiben bedörfen (wenn auch schon ihr Aufenthalt in denen entferntesten Ländern ist), denn es ist eine nicht der gringsten Annehmlichkeiten für die Samler natürlicher Seltenheiten, daß sie sich ohne Scheue suchen dörfen und daß sie in dem nemlichen Augenblicke, indem sie sich finden, einander schon lieben und hochschätzen. Die Verträulichkeit ist der unausbleibliche Zweig, welcher aus dieser Bekantschaft herfürsprießt. Allein die Redlichkeit ist hier, wie in allen Arten der menschlichen Handlungen, unentbehrlich, sonst kan der Briefwechsel nicht dauerhaft seyn.

Geschrieben
Cölln am Rheine,
den 24. Oct. 1768.   **Baron von Hüpsch.**
log. auf der St.
Johansstraße.

I. Be=

I.
Beschreibung
einer

seltsamen, bisher unbekannten

und neu entdeckten

Gattung

einer

versteinten, einem Pantoffel änlichen,

Zwoschaaligen

Muschel,

aus dem

Jülischen in der Eiffel.

§. 1.

Unter die seltsamen und merkwürdigen Versteinerungen gehöret billig diejenige versteinerte Muschel, wovon ich jetzo zu erst die Beschreibung und Entdeckung derselben bekannt mache. Dieser Conchit ist eine zwoungleichschalige napfförmige mit einem halbzirkelförmigen Rande versehene und in eine dicke krumme halbzirkelförmige Spitze auslauffende Muschel (†), welche

---

(†) Conchites duabus Testis inæqualibus instructus, anteriorem Partem Sandalii perfefectissimé referens.

welche billig wegen ihrer besondren Bildung einen vorzüglichen Platz in das Fach der seltsamen versteinerten Schaalthiere (††) verdienet.

§. 2.

Die erste Abbildung (Fig. 1.) zeiget eine solche versteinerte Muschel ohne

---

(††) Durch die Schaalthiere oder schaalichten Würmer versteht man ein Hauptgeschlecht von Seethieren, welche anstatt der Haut und Decke eine harte Schaale haben. Dieses Hauptgeschlecht wird in zweyen Untergeschlechtern abgetheilet: 1.) Die hartschaaligen Wasserthiere [Ostracodermata, Testacea, Conchylia] welche in hartschaalichten Häusern (z. E. die Seewürmer, Vermiculi; Muscheln, Conchæ, Schnecken, Cochleæ, &c.) wohnen: 2.) Die weichschaaligen Wasserthiere [Malacodermata, Malacostraca, Malacostrea, Crustacea, Crustata] welche in weichschaalichten Häusern (z. E. die Krebse, Cancri, Meerigeln oder Seeäpfel, Echini, &c.) wohnen.

ohne Deckel. Die andre Abbildung (Fig. 2.) zeiget aber den Deckel derselben. Ihre Gestalt ist überhaupt kegel und pyramidenförmig, wenn man dieselbe gerade hält. Es ist kein Körper, womit diese neue Art versteinerter Muscheln näher an Gestalt übereinstimmet, als mit dem Vordertheile der Frauenzimmer Pantoffeln (Fig. 1.7.8.). Daher wollen wir diesen Conchiten mitlerweile Pantoffelstein benamsen. Diese Pantoffelsteine sind denen Klauen oder Schühlen einiger Thiere auch in etwas aenlich. Einige von diesen Muschelsteinen sind unten spitziger, als die andren; andere hingegen sind länglich und schmal (Fig. 4. 5.), andere wiedrum verkürzt und gegen die Oefnung oder den Rand (Fig. 3. 7.) sehr breit.

§. 3.

§. 3.

Oben ſind dieſe Muſchelſteine rund, erhaben, und bäuchigt; hingegen unten plat. Daher ſtellen ſie vollkommen das Vordertheil eines Frauenzimmer Pantoffel vor. Die untere Fläche iſt bogenförmig: weil die Spitze (Fig. 1. Lit. a. Fig. 8.) erhaben iſt. Man bemerket faſt an allen dieſen Muſchelſteinen kleine erhabene Rippen, welche überzwerch rund herum gehen, wie man dies an der vierten und fünften Abbildung (Fig. 4. Lit. cc. Fig. 5. Lit. bb.) ſieht. Auswendig auf dem Deckel (Fig. 6. Lit. d. Fig. 3. Lit. e.) lauffen die Rippen zirkelweiſe und ſtellen einen halben Zirkel vor. Die Rippen der Muſchel und ihres Deckels ſind durchgehends von ungleicher Breite und zuweilen ſieht man daran gar keine Rippen. Die Rippen

pen fangen an dem Schnabel oder an der Spitze (Fig. 1. Lit. a.) an und gehen überzwerch fort bis an die Mündung (Fig. 1. Lit. f. f.) nemlich bis an den Rand. An der dritten und fünften Abbildung sieht man die Rippen ganz deutlich.

§. 4.

Die erste und achte Abbildung (Fig. 1. 8.) zeiget einen solchen Muschelstein ohne Deckel, an dem man (Lit. f. f.) die Mündung und zugleich den inwendigen Raum sieht, wo das Thier seine Wohnung gehabt. Die Structur dieser versteinten Muschel ist besonders und geht der inwendige hohle Raum bis an die Hälfte, also daß das Thier darinnen wenigen Platz gehabt hat. Gleichwie aber der alweiseste Schöpfer bey allen Naturwerken eine besondere

Ord=

Ordnung, Vorsorge, und andere Beweise seiner Allweisheit hervorleuchten lässet; so ist ausser allem Zweifel, daß das Thier, welches dies Gehäuse zu seiner Wohnung gehabt, auch nach Proportion wird klein gewesen seyn. Der innere Raum oder die Höhle dieses Muschelsteins läuft nach dem Schnabel spitzig zu. Von dem innern Mittelpunkte lauffen ganz feine Rippen gegen die Peripherie der Mündung (des Randes), wie man dies deutlich (Fig. 1. Lit. f. f.) wahrnehmen kan. Wenn man den Deckel von der inwendigen Seite betrachtet; so sieht man, daß die feinen Rippen von (Lit. g. g.) gegen (Lit. h.) beynahe in gerader Linie hinauflauffen. Ueberhaupt ist so wohl der Deckel, als die Muschel dickschaligt.

§. 5.

§. 5.

Meine gelehrten Leser werden mir bisher nicht so leicht geglaubt haben, daß dieser versteinter Körper ehemals eine Muschel gewesen sey. Ich wil meine geneigten Leser aber der Wahrheit meiner behaupteten Meinung volkommen überzeugen. An allen Deckeln dieser Muscheln entdeckt man inwendig (Fig. 2. Lit. g. g. g.) in gleicher Entfernung von einander stehende kleine Angeln oder Zäckel, wovon der mitlere Angel der längste ist. Hingegen sieht man fast an allen diesen Muschelsteinen inwendig oben an dem Rande des Rücken drey (zuweilen fünf) in gleicher Weite von der Natur gemachte Grübgen (Fig. 1. Lit. i.i.i.). Die Grübgen [Crenulæ] der Muschel und die Zäckel [Denticuli] des Deckels, welche gerade aufeinan-
der

der paſſen und ineinander ſchlieſſen, beweiſen ohnſtreitig, daß dieſelbe den Wirbel [Ginglymum] ausgemacht, wodurch ſich die beyden Schaalen (Fig. 1. Fig. 2.) aneinander gehalten und gleich einer Tabacksdoſe, die einen feſten Deckel hat, auf und zugemacht werden konte (*). Wir haben die Erfahrung gänzlich auf unſere Seite, welche unſre Meinung volkommen beſtärket; denn, wenn man nur einen

Blick

(*) Zuweilen ſieht man an denen Pantoffelſteinen nur ein Grübgen in der Mitte (Fig. 8.); die andren Grübgen ſind entweder nicht vorhanden geweſen, oder ſie ſind durch das Fortroſten und andere Zufälle in oder über den Erdboden weggerieben worden. Da hingegen ſieht man an einigen Deckeln, daß die zur Seite des groſſen mitlern Zackel in gleicher Entfernung ſtehende zween kleine Zäckel, jeder wiedrum aus dreyen ſubtilen miteinander verknüpften Zäckelgen beſtehet.

Blick auf die zwoschaligen Muscheln, z. E. auf die Telmuscheln, Stachel=austern, ꝛc. (welche noch heut zu Tage im Meere in Menge gefunden werden und dergleichen in meinem Cabinet be=sitze) wirft: so entdeckt man fast an allen, nemlich an einigen grosse Zäckel und tiefe Grübgen, an andren aber feine Zäckel und nach Proportion klei=ne Grübgen, wodurch, wenn man die Schaalen zusammen leget, die Zähne (Zäckel) alle in die Grübgen dicht schliessen und auf diese Weise einan=der feste zusammen halten.

§. 6.

Ich habe, um die wahre Beschaf=fenheit dieser Pantoffelsteine genauer zu untersuchen und meine Meinung gründlicher zu beweisen, einige ganze Stücke dieser Muschelsteine, deren in=
wen=

wendiger Raum gänzlich mit einer Steinart erfüllet war, von der Seite ihrer Mündung abschleiffen lassen. Nachdem nun die darauf noch sitzenden Stücke des Deckels weggeschliffen waren, entdeckte ich den mitlern Angel (Zackel), der jederzeit grösser ist, als die an beyden Seiten stehenden Zäckel. Dieser mitlere Zackel, wie der hierbey abgezeichneter und abgeschliffener Muschelstein (Fig. 7.) zeiget, steckt noch wirklich in seine Grube, darinnen er passet. Dies komt daher, daß, da diese Muschel samt ihren Deckel in Stein verwandelt worden, der Zackel (Fig. 7. Lit. k.) in seiner natürlichen Stellung, wenn die Muschel ist verschlossen gewesen, stecken geblieben. Hierdurch glaube ich demnach den Bau und das Daseyn des Schlosses dieses zwoschaligen Muschelsteins deutlich erwiesen zu haben.

D

ben. Es giebt aber ein Geschlecht von Halbgelehrten, welche man mit allem Rechte Steinatheisten heißen kan. Diese sehr witzigen Köpfe verfallen ofte auf eine gewisse Steinatheisterey, welche darinnen besteht, daß sie alle Steine, die eine seltsame Bildung haben, dem ohngefehren Zufalle zuschreiben und dieselbe ein Naturspiel zu seyn erachten. Eben diese Steinzweifler könten den Einwurf machen, daß der in der zwoten Abbildung (Fig. 2.) vorgestelter Deckel nicht eigentlich der Deckel der jez beschriebenen versteinerten Muschel sey. Um aber diese Consequenzienmacher zu überzeugen; habe ich in der dritten Abbildung (Fig. 3. Lit. e.) eine solche versteinerte Muschel mit ihrem noch darauf sitzenden Deckel abzeichnen und vorstellen lassen. Dieser Muschelstein (Fig. 3.) be=
wei=

weiset deutlich, daß alle Muscheln dieser Art einen solchen Deckel gehabt haben. Man sieht aus eben dieser Abbildung, wie der Deckel auf die Muschel passet und wie die Muschel aussieht, wenn sie verschlossen ist. Es ist was besonders, daß sich dergleichen Muschelsteine sehr wenige mit ihren Deckeln (welche eben so selten vorkommen) finden; doch habe ich dergleichen zwey mit ihren Deckeln versehene Muschelsteine, welche unlaugbare Zeugen meiner Beweise sind. Meistentheils finden sich aber diese Muschelsteine ohne Deckel. Dies hat einige gelehrte Liebhaber, denen ich dergleichen zugeschickt habe, auf den Gedanken verleitet, daß diese Muschelsteine eine besondre Gattung von versteinten Meerschwämmen [Fungiten] seyn.

§. 7.

Die vierte Abbildung (Fig. 4.) zeiget einen solchen Muschelstein von der Seite des Rückens oder von unten her und die fünfte Abbildung (Fig. 5.) zeiget eben denselben Muschelstein von der Seite des Bauchs oder von oben her. Auf diese versteinerte Muschel (Fig. 4. 5. Lit. l. m.) sitzet noch der Deckel, der aber von der Mündung der Muschel etwas abgewichen, durch eine steinhafte Materie mit derselben ganz feste zusammen hänget und mit der Muschel versteinert ist. Die sechste Abbildung (Fig. 6. Lit. d.) zeiget den obern Theil dieses Muschelsteins (Fig. 4. 5.) samt ihren Deckel, also daß man denselben auf seine Oberfläche (Lit. d.) betrachten kan. Nun kan man dies keinem ohngefehren Zufalle zuschreiben, gleichwie man es an
eini=

einigen andren versteinten Körpern sieht; zum Exempel, daß eine Muschel, Schnecke, ꝛc. auf einem Meerschwamme oder auf einem andren Meergewächse sitzet und daran versteinert hänget. Hingegen beweiset ohnstreitig gegenwärtige versteinte Muschel (Fig. 4. 5. 6. Lit. b. b. c, c.) daß der Deckel (Lit. d. l. m.) auf ihre Mündung gehört und passet, folglich alle diese Muscheln mit einem solchen Deckel vorher versehen gewesen.

§. 8.

Nachdem ich nun glaube auf eine überzeugende Art erwiesen zu haben, daß diese besondre Art versteinerter Körper ehemals eine wahrhafte zwoschalige Muschel gewesen sey; so kömt es nun darauf an, wie man diesen Muschelstein heißen sol? Da ich aber

ohne

ohne Eigenruhm der erste bin (so viel
mir bisher noch bekant ist), der denselben entdeckt und beschrieben hat; so
werden die Herzen Liebhaber der Naturgeschichte mir zum wenigsten aus
Erkentlichkeit das Vorrecht gestatten,
daß ich auch zuerst dieser neu entdeckten
zwoschaligen Muschel einen Nahmen
beylege. Ich bin aber nicht wenig bekümmert, diesen neuen Muschelstein
zu taufen, ja ich mache mir ein Gewissen daraus, die Naturgeschichte
mit einem neuen barbarischen Worte
zu vermehren; weil einige Naturforscher von zärtlichem Geschmacke über
die Menge der fremden und von der
griechischen Sprache entlehnten Kunstwörter, welche seit der Aufnahme,
Erweiterung und Aufklärung der natürlichen Historie eingeführt und angenommen worden, aufgelärmet sind.

Es

Es ist aber in der Naturhistorie schon längst ein gebilligter Gebrauch gewesen, daß man viele versteinerte Körper mit dem Nahmen eines andren Körpers, welcher mit der Versteinerung einige Aenlichkeit hat, und entweder von der Kunst oder Natur herrührt, beleget hat. Die Krummuschelsteine sind also Kappensteine benamset worden: weil sie einer Narren-Kappe oder einer Mütze sehr aenlich sind. Die Rollensteine [Entrochi] sind daher Rädersteine genennt worden: weil die meisten die Figur eines Rads haben. Aus einer solchen Aenlichkeit hat man eine gewisse Art von versteinten Muscheln, Herzmuschelsteine und eine Gattung von Schnecken Linsensteine geheißen: weil erstere an Bildung mit einem Herze, leztere aber mit denen Linsen, einer Frucht, übereinstimmen.

§. 9.

§. 9.

Da nun unſer neu entdeckter Mu-ſchelſtein dem Vordertheile eines Frauenzimmer Pantoffel volkommen aenlich iſt (Fig. 8.); ſo kan derſelbe nicht unrecht Pantoffelmuſchel, Pantoffelſtein, Pantoffelmuſchelſtein [Sandalites, Sandaliolithus, Crepites, Crepidolithus] geheißen werden(*). Da ferner

---

(*) Meine geneigten Leſer werden mich nicht einer kleinen Pedanterey beſchuldigen, wenn ich auch die lateiniſche Benamſung dieſes bisher unbekanten Muſchelſteins zu erſt angebe: weil derſelbe durch ſeine noch nicht lange gemachte Entdeckung weder eine deutſche noch lateiniſche Benennung hat. Der Pantoffelſtein wird alſo von mir zu Latein Crepites und Sandalites, auch Crepidolithus und Sandaliolithus geheißen. Crepidolith und Sandaliolith ſind zwey zuſammengeſezte und aus der griechiſchen Sprache entlehnte Wörter, denn

ferner diese versteinte Muschel einige Aeulichkeit mit denen Klauen (Schühlen) einiger vierfüssigen Thiere hat; so kan dieselbe auch wohl Klauenstein, Klauenmuschelstein [Onycholithus] genent werden. Wenn ich diese neu

denn Κρηπις [Crepida] heißt einen Pantoffel und Σανδαλιον [Sandalium] einen Weiberpantoffel; Λιθος [Lithus, Lapis] bedeutet aber überhaupt einen Stein. Es wird mir also vorzüglich erlaubt seyn, dem Pantoffelsteine eine lateinische Benennnng und dessen gleichgeltende Nahmen [Synonima], die mit der deutschen Benahmsung fast übereinstimmen, bey zu legen. Ja um so mehr, da ich beeifert bin, gewissen Liebhabern der Naturgeschichte, die eine grosse Gelehrsamkeit in einer blosen Hernennung einer langen Litaney von mineralogischen Kunstwörtern finden, neue Beyträge zu ihrem Wörterbuche zu machen. Es ist schon lange die Mode in der Naturhistorie gewesen, daß man aus zweyen zusammengesezten griechischen Wörtern ein lateinisches Kunstwort getünstelt

neu entdeckte Muschel Pantoffelstein
heiße; so wil ich dennoch nicht hoffen,
daß ich dadurch eine andre Gattung
von Naturaliensamlern (die man wohl
Steinquacker heißen kan: weil sie in
denen

künstelt hat. Diese sind nun in allen Wissenschaften angenommen und eben so gültig, als alte gute Thaler. Eine Menge solcher geborgten Wörter herschen besonders in der Oryctographie (Foßilien-Beschreibung), zum Exempel: Tubuliten, Conchiten, Cochliten, Phytolithen, ꝛc. ꝛc. Diese rühmliche Bemühung ist um desto mehr gegründet: weil man eine Sache in einem Worte ausdrücken kan. Dies bestärket auch ein gelehrter französischer Arzeneylehrer, Herr von Sauvages, wenn er saget: Idem per pauciora, potius quam per plura, dicendum esse sana dictat Ratio. Ich betheure also meinen geneigten Lesern, daß ich mich niemals für den Erfinder neuer Nahmen ausgeben werde; sondern diejenigen hergebrachten Kunstwörter von einer Sache, die schon mit einer Benennung beleget ist,

bey=

denen geringsten gebildeten Steinen ein grosses Wunder und ein besondres Geheimnis entdeckt zu haben vermeinen) auf einen Aberglauben verführen werde. Unter diese besondre Secte von Liebhabern herschet eine gewisse Ketzerey oder falscher Wahn, welcher darinnen besteht, daß sie, wie zur Zeit der Unwissenheit, glauben, in jedem seltsamen Steinbilde sey eine seltene Bedeutung verborgen und daher möchten wohl solche Liebhaber wider meinen Willen auf den Gedanken verfallen, daß diese Pantoffelsteine vieleicht nichts

---

beybehalten wil. Gescheidte Liebhaber und Kenner natürlicher Seltenheiten werden mir aber ihren Beyfall nicht versagen, wenn ich behaupte, daß es rühmlich und zugleich nothwendig sey, daß man einen bisher unbekanten Körper mit einem neuen verständlichen Nahmen belege.

nichts anders wären, als versteinerte Pantoffeln einer Gattung ganz kleiner Menschen, welche Erdmännergen und Erdweibergen [Pygmæi] genent worden und wovon noch heut zu Tage unter dem gemeinen Manne das Mährgen wandert, daß es in alten Zeiten ein Geschlecht ganz kleiner Menschen, welche mit unsren Voreltern einen ganz gemeinschaftlichen Umgang gehabt, gegeben habe. Ich habe aber vorher (§. 2. 3. 4. 5. 6.) in gröstem Ernste erwiesen, daß dieser versteinerter Körper nichts anders, als eine ganz seltene und bisher unbekante Muschel, sey, und daher wil ich meine Leser nicht länger mit unnüzlichen Ausschweifungen unterhalten: weil man vermuthen könte, alswenn ich durch die jez gemachte Ausschweifung jene Naturalienliebhaber, welche gar ofte

zu=

zu weit mit ihren natürlichen Betrachtungen gehen, zum Gelächter machen wolte. Es koint demnach nur darauf an, ob einige Kenner natürlicher Seltenheiten, die einen sehr zärtlichen Geschmack besitzen, die Benennungen, womit ich diesen Muschelstein beleget habe, annehmen werden. Inzwischen denenselben es freygestelt seyn lasse, diesen Conchiten zu heißen, wie es ihnen beliebet.

§. 10.

Diejenigen ausländischen Naturalienſamler, welche glauben, daß die gütige Natur bey Austheilung ihrer Gaben unſrer niederdeutſchen Gegenden vergeſſen ſey, werden aus der Beſchreibung des gegenwärtigen Pantoffelſteins so viel erkennen, daß der Erdboden in unſrem Niederdeutſchlande

de auch so wohl merkwürdige als seltene Naturwerke darreicht. Die hiesigen Churpfälzischen Länder, nemlich die Herzogthümer Jülich und Berg besitzen an Fossilien und Mineralien Reichthümer, wie dies in der Fortsetzung dieser Naturgeschichte des Niederdeutschlandes hin und wieder vor Augen legen werde. Die Geburtsstelle dieser Muschelsteine ist die Eiffel (†),
wo

(†) Die Eifel (Eiflia, Eiffalia, Ripuaria) ist in weitläuftigem Verstande eine grosse Strecke Landes, welche heut zu Tage unter verschiedenen Landesherren vertheilet ist. Ein Theil davon gehört zum jülischen Gebiete, ein Theil zum Trierischen, ein Theil zum Luxemburgischen, ꝛc. Im engern Verstande wird aber eine gewisse Gegend, die Eiffel, geheißen, welche zwischen denen jülischen, cölnischen und trierischen Ländern ligt, an das Luxemburgische gränzet und in welcher das Herzogthum Aremberg, die Grafschaften
Blan-

dieselbe auf Churpfälzisch=Jülischem Gebiete gefunden worden. Die Pantoffelsteine kommen auch in andren Herrschaften der Eiffel vor. Man findet dieselbe, fast wie in der Schweiz, hin und wieder an und auf denen Bergen zerstreut, wo man auch andre Arten von

---

Blankenheim, Schleiden, Reifferscheidt, Abtey Steinfeld, &c. &c. ligen. Diejenigen Leute, welche sich keinen Begrif von der ordentlichen Austheilung deren Gaben der Natur machen wollen, sind in dem Vorurtheile, daß die Eiffel ein schlechtes, ödes und unfruchtbares Land sey. Allein ich kan mit allem Grunde und Unpartheylichkeit behaupten, daß die Eiffel gewisser maßen ein glückliches, gesundes und fruchtbares Land sey, denn darinnen blühet nicht allein der Ackerbau, Holzbau, Viehzucht, &c.; sondern sie ist auch an merkwürdigen Fossilien, schönen Marmorbrüchen, ergiebigen Erzgruben und andren zum menschlichen Leben nöthigen Naturalien reich, die zuweilen andren fruchtbaren Gegenden abgehen.

von versteinten Schaalthieren und Meergewächsen antrift. Von eiffelischen Versteinerungen besitze eine schöne Folge in meinem Cabinet, welche gewis nicht aus Begierde steinreich zu werden; sondern zur Verfertigung einer Naturgeschichte hiesiger Länder eifrigst gesamlet habe.

§. 11.

Wer aber nur einige Schritte in der Naturgeschichte gemacht hat, der wird gar leicht die Seltenheit und Unbekantheit unsres Pantoffelmuschelsteins eingestehen (*). Vors erste ist

---

(*) Das unsre jez beschriebene Pantoffelsteine denen vornehmsten ausländischen Liebhabern bisher unbekant gewesen, beweiset folgender Auszug eines Schreibens, daß ich unterm 16. Brachmonat, 1766. von meinem werthen Freun-

ist bekannt genug, daß man in unsrem jez bewohnten Erdboden unterschiedliche versteinte Muscheln und Schnecken entdeckt, wovon man bis zur Stunde noch kein Original in dem Meere ge=
E   fun=

Freunde, dem berühmten Herrn D. Albrecht Schlosser, Mitgliede der königlichen Societät der Wissenschaften in London, aus Amsterdam erhalten habe. So schreibt er in folgenden Worten: Parmi la Collection, dont vous m'avés enrichi, vos Sandalites brilloient sur tout le reste; je vous en remercie particulierement. Je n'avois jamais encore vû cette Espece de Petrification, laquelle je crois aussi être une nouvelle Découverte, qui peut & doit vous faire honneur. Mais permettés moi de vous demander, si vous les rangés parmi les Coquilles: c'est à dire, si vous les croiés être une Espece inconnue & nouvelle de Belemnites ou Nautiles droits? ou si vous les rangés parmi les Coraux & Champignons de la Mer? C'est, si je ne me trompe pas, à cette derniere Famille des Etres, qu'ils ressemblent le plus, &c.

funden hat. Man hat z. E. keine Schaalthiere in der See bisher entdeckt, welche mit denen Gryphiten, Belemniten, ꝛc. können in Vergleichung gezogen werden (**). Ich vermu=

(**) Dies bezeugen verschiedene Schriftsteller, und unter andren Herr Gesner, welcher also schreibt: Etsi ex Museographis integros Catalogos conficere liceret Testarum, Animalium & Vegetabilium petrificatorum, quæ cognitas species nativas accuratissime referunt, inveniuntur tamen plurima Testacea fossilia, quorum Analoga nec in marinis, nec in fluviatilibus aut lacustribus, nec in terrestribus hactenus detecta sunt. In tanta copia, magnitudine & varietate Cornuum Ammonis fossilium præter unum Lituum seu Orthoceratitem fossilem & Cornua minutissima instar arenularum obvia nullum habetur quod Testaceo marino comparari possit. Conchæ Anomiæ quas Terebratulas vocant læves & striatæ. Ostrea rostro incurvo Gryphitæ dicta, Belemnitæ, adeo copiose inveniuntur, ut integra plaustra colligere liceret, nec tamen
quod

muthe alſo, daß man vielweniger bis=
her in dem Meere eine Art doppel=
ſchaaliger Muſcheln, welche unſrem
E 2 Pan=

---

quod reſpondeat marinum uſquam repertum
novimus. Tract. phyſ. de Petrificat. Part. 2.
cap. 7. Die Herren Baumer, Geſner, Wallerius und andre Naturforſcher ſchreiben zwar,
daß man das Original der Terebratuliten
(Bohrmuſchelſteine) noch nicht kenne; allein
vermuthlich nach der Herausgabe ihrer Schriften ſind die beyden Originale der glatten und
geſtreiften Terebratuln in dem Meere entdeckt
worden. Verſchiedene Nachrichten zeigen, daß
dieſelbe ſich nunmehr in Samlungen finden,
und ich erhielt ſchon im Jahre 1766. von einem
Freunde aus Cadix eine glatte und eine geſtreifte
Bohrmuſchel [Terebratula], welche in allem
denen eiffeliſchen und bergiſchen glatten und geſtreiften Terebratuliten änlich waren. Ihre
Schaale iſt bäuchigt, weißlicht, etwas durch-
ſichtig und ſehr dünne. Die Entdeckung der
Terebratuln machet denen Liebhabern Hofnung,
daß man bey der heutigen eifrigen Erweiterung der Naturhiſtorie noch mehrere Origina-
len derer verſteinten Körper entdecken werde.

Pantoffelmuschelsteine volkommen än=
lich ist, entdeckt habe. Vors andre ist
dieser Pantoffelstein um desto seltener,
da derselbe denen größten Kennern
und stärkesten Samlern natürlicher
Seltenheiten bisher unbekant gewesen.
Hieraus ist zu vermuthen, daß der
Pantoffelstein nicht in andren Gegen=
den angetroffen werde und daher derselbe einen Vorzug unter die versteinten
Muscheln verdienet: denn man findet
wohl seltene Versteinerungen, wovon
man das Original noch nicht kennet,
die man aber auch in verschiedenen
Gegenden von gleicher Art antrift.
Ich habe dergleichen Pantoffel=
steine an unterschiedliche Liebhaber in
Deutschland, Frankreich, England,
Schweden, Schweiz, Spanien, Poh=
len, 2c. geschickt. Die meisten Lieb=
haber haben geurtheilet, diese verstein=
te

te Muschel sey eine ganz besondre Art versteinerter Meergewächse, welche man Fungiten oder Schwammsteine heißt. Einige Liebhaber haben vermuthet, der Pantoffelstein sey der Schnabel einer Muschel; andre Liebhaber haben gar geglaubt, die Pantoffelmuschel sey eine besondre Gattung von versteinerten Fischzähnen (††), welche unter dem Nahmen der malthesischen Schlangenzungen oder Steinzungen bekant sind. Allein ich kan es Niemanden unter allen Liebha=

(††) Die so fälschlich genanten Natterzungensteine [Glossopetræ, Odontopetræ], welche durchgehends dreneckigte und zugespiz e aschenfarbige Steine und versteinerte Zähne des Raubfisches Carcharias oder Lamentin sind, haben einige Liebhaber auf diese Meinung verleitet: weil diese versteinerte Fischzähne mit jenem Muschelsteine an äusserlicher Bildung etwas änliches haben.

habern verdenken, daß dieselbe unsren Pantoffelstein weder gekennt noch gewust haben, was sie daraus machen solten: denn es wiederfährt auch wohl denen einsichtreichsten Kennern, daß ihnen ein unbekanter Körper, besonders unter denen Versteinerungen, vorkomt, dessen Wesenheit, Ursprung, Art und Geschlecht ihnen desto beschwerlicher zu bestimmen fält, wenn sie kein Original besitzen, womit sie ihn vergleichen können. Unsres jeziges aufgeklärtes Jahrhundert kan sich vieler in der Naturhistorie und in andren Wissenschaften gemachten merkwürdigen Entdeckungen rühmen. Allein wir werden doch noch vieles unsren Nachkömlingen zu untersuchen und zu erfinden hinterlassen.

§. 12.

§. 12.

Ich habe um den Ursprung und die Beschaffenheit dieses Muschelsteins genauer zu untersuchen, verschiedene Stücke davon, welche noch durch ihre Deckel verschlossen waren, abschleiffen lassen, um etwan einige Spuren des versteinerten Thieres darinnen zu entdecken. Die meisten abgeschliffenen Stücke waren aber mit einer kalkhaften Steinart erfüllet. Dies beweiset aber darum nicht, daß die Pantoffelsteine keine wahren Muscheln ehemals gewesen seyn: denn man pflegt in denen meisten petrificirten Muscheln und Schnecken keine Spuren von dem vorher darinnen gewohnten Thiere anzutreffen; sondern dieselbe sind meistentheils mit einer blosen Steinart (welche der Mutter, darinnen solche ligen, in ihren Bestandtheilgen ganz änlich ist) erfüllet. Unter denen abgeschliffenen Pantoffelsteinen, habe ich auch ein und andres Stück gefunden, dessen inwendiger Raum mit einer quarzhaften Steinart oder krystallinischem Selenite gänzlich angefüllet war. Dies brachte mich auf den Gedanken, daß diese krystallinische Steinfüllung das Thier sey, welches in seiner Wohnung in einem krystallinischen Selenite verwandelt worden. Meine Meinung ward daher bestärket: weil man an einigen Fischsteinen, welche in einem und andren Schiefersteinbruche in Deutschland entdeckt werden, sieht, daß die fleischigten Theile derer in weissen Schiefertafeln liegenden Fische zu einem krystallinischen Selenite geworden. Ich muß es meinen gelehrten Lesern offenherzig gestehen, daß vieleicht die Ein-

bil=

bildung das meiste dabey gethan, wenn ich geglaubet, die in dem abgeschliffenen Pantoffelsteine vorhandene quarzhafte Steinart sey das versteinerte Thier, welches ehemals diese Pantoffelmuschel zu seiner Wohnung gehabt, gewesen. Ich wil dies ohnedem nicht im größten Ernste behaupten, denn man findet gar ofte versteinerte Muscheln und Schnecken, deren inwendiger Raum mit einem krystallinischen Selenite angefüllet oder mit eckigten kleinen Krystallen besezt ist. Ich habe dergleichen in denen Marmorbrüchen bey Benßberg im Herzogthume Berg gefunden, welche in ihren Höhlungen weißlichte, matte, undurchsichtige Krystallisationen, die aus spitzigen und eckigten Krystälgen bestunden, hatten. Herr Abildgaard führet dergleichen Krystallisationen in seiner Beschreibung von Stevens Klint
E 5 an,

an, welche er in dem leeren Raume einiger Echiniten gefunden hat. Ich besitze in meiner Fossiliensamlung auch Ammoniten aus Lothringen, welche inwendig krystallisirt sind. Diese in denen Muscheln, Schnecken und Echiniten vorgefundenen Krystallisationen beweisen darum nicht, daß die in denen Pantoffelsteinen angetroffenen Krystallisationen nicht das Thier, welches diese Muschel bewohnt, sey: denn man hat Beyspiele in der Naturgeschichte und es giebt Naturaliencabinette, wo man Muscheln und Schnecken aufweiset, in welchen das Thier versteinert vorhanden ist. Ich besitze selbst einen mineralisirten Ammoniten, und einen petrificirten Ostraciten, in denen noch wirklich das Thier petrificirt ligt.

§. 13.

§. 13.

Die Steinart der Pantoffelsteine habe ich ferner untersuchet, um den Ursprung derselben auf eine unumstößliche Art behaupten zu können. Es hat aber mit der Steinart der Pantoffelsteine die Beschaffenheit, wie mit andren petrificirten Körpern. Die meisten Petrificationen, Calcinationen und Mineralisationen sind in eine solche Steinart und Materie verwandelt, welche der Stein = oder Metal = Mutter [Matrici Lapidum sive Metallorum], in der dieselbe gefunden werden oder ligen, in ihrem Zusammenhange und Bestandtheilgen ganz aenlich. Ich bedarf hierzu keines weitläuftigen Beweises: denn die calcinirten oder in Kalkstein verwandelten Schaalthiere bestehen meistentheils aus einer kalkhaften Materie und werden

den in einer Kalkerde oder Kreidegrun=
de gefunden; die mineralisirten oder
vererzten Muscheln und Schnecken
werden meistentheils in metallischen
Erden, in erzthaltigem Gesteine und
in Erzgängen gefunden. Die Pan=
toffelsteine sind meistentheils in eine
kalkhafte Steinart verwandelt. Dies
kan man auch an denen meisten petri=
ficirten Meergewächsen und Schaal=
thieren, welche in der Eiffel vorkom=
men, wahrnehmen. Daß die meisten
eiffelischen Versteinerungen aus einer
kalkhaften Steinart bestehen, kan man
durch einen einfachen Versuch erfahren,
denn wenn man gemeines Brunnen=
wasser nur darüber geußt; so fangen
sie an mit demselben gelinde zu brau=
sen. Der graue Kalkstein ist in der
Eiffel gar gemein, denn es gibt in
derselben Gegend nicht allein Marmor
brüche;

brüche; sondern die meisten auf Ber=
gen und in Thälern ligenden Steine be=
stehen aus einer kalkhaften grauen
Steinart. Die häuffigen dort gefun=
denen Kalchsteine werden zum Kalch=
brennen gebrauchet. Ja, die Menge
der in der Eiffel vorhandenen grauen
Kalchsteine gibt Anlas zu vermuthen,
daß die Kalchflötzgebürge den größten
Theil der Erdfläche in der Eiffel und
andren angränzenden Gegenden bede=
cken.

§. 14.

Bey Abschleiffung der Pantoffel=
muschelsteine (Sandaliolithen) habe
ich nicht allein angemerkt, daß sie
aus einer kalchhaften Steinart beste=
hen (§. 13.); sondern, daß sie zugleich
aus einem denen Schaalthieren änli=
chen Materie zusammengesezt sind;
denn wenn sie auf einem Sandsteine
ab=

abgeschliffen werden: so geben sie einen üblen Horngeruch von sich. Dieser üble Horngeruch ist ferner ein ohnstreitiger Beweis, daß die Pantoffelsteine zum Geschlechte der Muscheln gehören. Es ist aus der Erfahrung erhärtet, daß unterschiedliche Gattungen von Muschelsteinen und Schneckensteinen [Conchitis & Cochlitis], zum Exempel die Belemniten und andre zum Thierreiche gehörige versteinte Körper einen üblen Horngeruch von sich geben, wenn man sie stark reibet. Dieser üble Horngeruch, der dem Gestanke des verbranten Horns sehr änlich ist, ist vorzüglich denen darinnen enthaltenen Thiertheilgen zu zuschreiben. Viele unversteinte und aus dem Meere herkommende Muscheln geben ebenfals einen üblen und dem Horngestanke änlichen Geruch von sich, wenn man sie

auf

auf glüende Kohlen leget oder nur stark reibet. Hieraus folget nun zur mehreren Bestätigung, daß die Sandaliten (Pantoffelsteine) aus dem Thierreiche herstammen (†) und daß sie theils

---

(†) Hierzu kömt annoch ein neuer Beweisthum, daß nemlich die Pantoffelsteine aus dem Geschlechte derer Schaalthiere herstammen, denn ich habe Stücke davon gefunden, welche von denen Seewürmern durchbohrt waren. Dies ist muthmaßlich vor ihrer Versteinerung geschehen, weil man noch heut zu Tage in dem Meere eine Menge Muscheln und Schnecken findet, die von denen Seewürmern hier und dorten ganz durchlöchert sind. Dies beobachtet man aber nicht so ofte an andre Seekörper. Die Wohnungen derer Schaalthiere sind der Gefahre dieser nagenden Feinde, nemlich derer Seewürmer, am meisten ausgestelt. Die Pantoffelsteine sind auch zuweilen mit Wurmröhrgen und Bruth von Muscheln und Schnecken besetzet, daraus sich ihre Herkunft aus dem Meere gar leicht begreiffen läßet.

theils aus animalischen, theils aus kalchartigen Theilgen (§. 13.) beste‐
hen.

§. 15.

Die Pantoffelmuschelsteine haben durchgehends eine graue Farbe, so wie die grauen Kalchsteine, die man in der Eiffel häufig findet. Man trift sie auch ofte von einer bräunlichten, röthlichten und einer andren Farbe an. Diese Farben sind aber gleichsam zu‐
fällig und rühren daher: weil die Pan‐
toffelsteine zuweilen in eisenschüssigen Steinarten, in Eisenocher und in ei‐
senhaltigen Erdarten vorkommen. Ich besitze dunkelbraune und dunkelrothe Conchiten und Coralliten, welche in der Eiffel bey Eisenerztgruben gefun‐
den worden.

§. 16.

§. 16.

Nachdem ich nun das Thierreich durch meine gegenwärtige Entdeckung und Bekantmachung mit einer neuen Art von Muscheln vermehrt habe (*); so sehe ich in Gedanken, unter welches

F   Ge=

(*) Ich muß eine kleine Eitelkeit begehen, wenn ich mir schmeichle, daß man mir eben so viel wegen der Bekantmachung dieser und andrer neuen Arten von Schaalthieren wird verbindlich seyn, als denenjenigen Naturforschern, welche ganz kennbare petrificirte Muschelarten zu erst beschrieben haben: denn vors erste werden fast alle Pantoffelsteine ohne Deckel gefunden, also daß daran gar keine Merkmale einer Muschel zu finden und folglich wegen ihrer seltenen Gestalt unkennbar sind; vors andre sind diese Pantoffelsteine vielmehr einem blätterigen Schwammsteine, als einem zwoschaaligen Muschelsteine, ähnlich; daher sind dieselbe auch von denen größten Kennern in Europa, denen ich dergleichen geschickt habe, für einen Fungiten gehalten worden.

Geschlecht von versteinerten Muscheln ich die von mir so genanten Sandaliten oder Pantoffelsteine hinbringen sol. Einige Naturaliensamler, die in denen systematischen Classificationen sehr gewissenhaft sind, werden vieleicht auch nicht wenig bekümmert seyn, in welches Fach derer versteinten Schaalthiere sie dieselbe hinstellen sollen. Um sie aber des unnüzlichen Kopfbrechens, daß man zuweilen auf weit nüzlichere Betrachtungen verwenden kan, zu entübrigen; so wil ich ihnen meine ohnmaßgebliche Meinung davon mittheilen. Nach der Beschreibung, die ich von diesem neu entdeckten Muschelsteine gemacht habe, gehört derselbe vors 1) unter die Muschelsteine oder versteinten napfigen Schaalen [Conchitas *sive* Testacea petrefacta vasculosa]; vors 2) unter die zweyschaaligen Mu-

schel=

ſchelſteine [Diconchitas, Conchitas bivalves], weil ſie aus zwoen Schaalen, nemlich aus einem Gehäuſe und einem dazu gehörigen Deckel (§.2. §.5. §.6.) beſtehen; endlich 3) unter die zwey ungleichſchaaligen Muſchelſteine [Conchitas bivalves, anomios]: denn die obere Schaale oder der Deckel (Fig.2. Lit.h. g.g.g.) iſt viel kleiner, als die untere Schaale (Fig. 1. Lit. a. f. f.) oder das Gehäuſe. Hieraus ergiebt ſich nun deutlich, daß die von mir ſo genanten Sandaliten oder Sandaliolithen unter das Geſchlecht [Genus] der Muſchelſteine und zwar unter der Art [Speciem] der zweyſchaaligen Muſchelſteine, welche aus ungleichen Schaalen, [Valvis ſeu Teſtis inæqualibus] beſtehen, gehören. Dieſer Pantoffelmuſchelſtein iſt alſo nach dem gegebenen Beweiſe (§. 1. §. 2.) nichts anders,

F 2   als

als ein zwey=ungleich=schaaliger Muschelstein [Conchites bivalvis, anomius]. Daher werden die Herren Naturaliensamler keinen Fehler wider die Classification der Petrefacten begehen, wenn sie nach meinem Grunde die Pantoffelsteine neben denen Anomiten (†) in ihre Samlung versteinerter

---

(†) Es giebt eine besondre Art von Muscheln, welche Krummuscheln [Conchæ anomiæ] können genennt werden. Sie haben einen überworfenen Angel, gleich einer Narrenkappe oder Mütze, daher sie auch von denen Deutschen die Narrenkappe und von denen Holländern die Sootenkappe geheißen werden. Es giebt nun unter denen Narrenkappen einschaalige, welche unter die Schüsselmuscheln; und zwoschaalige, welche unter die doppelschaaligen Muscheln gehören. Unter denen versteinerten Muscheln giebt es auch Krummuschelsteine von zwoerley Gattung, welche einen überworfenen Angel haben und daher denen Narrenkappen änlich sind.

Die

nerter Schaalthiere [Zoolithorum testaceorum, Ostracodermatum petrificatorum], nemlich neben denen Greyfinmuschelsteinen und Bohrmuschelsteinen legen. Wenn demnach denen Naturaliensamlern das Fach, in welchem ich die Pantoffelsteine hingestelt, nicht angenehm ist; so stelle es ihnen frey, dieselbe unter solches Geschlecht und Art hinzubringen, wo es ihnen beliebet. Ich wil mich darum mit nie=

Die Krummuschelsteine werden nach ihrem Originale Anomiten [Conchitæ anomii] oder Kappenstein [Ægopodium] geheißen. Die einzelnen Kappensteine gehören unter die Patelliten, die doppelten aber unter die Diconchiten oder zweyschaaligen Muschelsteine. Unter der Benennung der Anomiten versteht man aber eigentlich viel besser alle zweyschaalige Muschelsteine, welche aus zwoen ungleichen Schaalen bestehen. Hierher gehören die Gryphiten, Terebratuliten, Ostraciten, ꝛc.

niemanden in einem gelehrten Kriege einlassen, indem ich mich begnüge, dieselbe zuerst beschrieben zu haben. Solche unnüzliche Zeitverschwendung schicket sich nur für diejenigen, die ein Vergnügen an Kleinigkeiten finden.

§. 17.

Unter denen Pantoffelsteinen giebt es gewissermassen zwoerley Unterarten. Ihre Hauptbildung ist zwar bey allen einerley, dennoch ist darunter ein merklicher Unterschied (§. 2.). Einige sind bey der Mündung sehr breit und daher kürzer (Fig. 1. 3. 7.); andre sind länglicht und schmal (Fig. 4. 5. 8.). Daher könte man wohl die Pantoffelmuschelsteine in zwo Unterarten [Species subalternas] abtheilen: 1) die Pantoffelsteine, welche aus einem

nem länglichten schmalen Gehäuse und 2) die Pantoffelmuscheln, welche aus einer breiten verkürzten Schaale bestehen.

Erinnerung.

In der vorhergehenden Beschreibung sind einige Stellen unvermuthet ausgelassen und verrückt worden; denn auf der 44. Seite von der 18. Linie bis auf die 6. Linie der 45. Seite sol es also heißen:

Gleichwie der alweiseste Schöpfer bey allen Naturwerken eine besondre Ordnung, Vorsorge und andre Beweise seiner Alweisheit hervorleuchten lässet; also herschet auch bey der innern und äusserlichen Structur dieser seltsam gebildeten Muschelart ein neuer Beweisthum der uneingeschränkten Macht eines allerweisesten Schöpfers. Da man aber die meisten Pantoffelsteine ohne Deckel findet und der innere Raum leer ist; so ist ausser allem Zweifel, daß das Thier, welches dies Gehäuse zu seiner Wohnung gehabt hat, durch die reissende Fluth bey denen Ueberschwemmungen, oder durch andre Zufälle zu Grund gegangen sey. Ich habe sehr kleine Steinkerne von Pantoffelsteinen gefunden, daraus zu vermuthen ist, daß die Schaale auch nach Proportion wird klein gewesen seyn, und daß folglich die die Pantoffelsteine auch nach ihrer Geschlechtsgrösse verschieden seyn.

Auf der 55. Seite in der 12. Linie stehen die Wörter Rollensteine [Entrochi], welche aber eigentlich Trochiten [Trochitæ] heißen sollen; denn durch die Rollensteine werden viel besser die Entrochiten (Spangensteine, Walzensteine), welche aus vielen Rädersteinen bestehen, verstanden.

Auf der 74. Seite in der 18. Linie ist das Wort: petrificirten überflüssig gedruckt worden, denn durch einen Ostraciten wird schon eine petrificirte Austermuschel ausgedruckt.

Auf der 75. Seite in der 11. und 12. Linie steht das Wort: Metalmutter (Matrix Metallorum), welches wir nicht in dem Verstande, wie in der Mineralogie, nehmen: wo man durch die Metalmutter allerhand Steinarten, z. E. Quarz, Spath, Kneis, ꝛc. versteht. Wir verstehen hier eigentlich durch die Metalmutter nur die erzthaltigen Steine und metallischen Erden, welche das Lager der mineralisirten Körper abgeben. Also werden zuweilen in unsren Gegenden mit Eisen vererzte Corallen in eisenhaltigen Erden entdeckt.

II. Be=

II.

Beschreibung
einiger
besondren neu entdeckten
vielkammrigen
Meerröhrensteine,
aus dem
Jülischen in der Eiffel.

F 5 §. I.

§. 1.

In verschiedenen Gegenden hat man schon längst eine ganz seltene Gattung versteinerter kegelförmigen Schaalen gefunden, die in vielen Kammern abgetheilet sind. Diese hat der fleißige Naturforscher, Herr Breynius, zu erst beschrieben und Orthoceratiten [Orthoceratitas] genent (†). Herr Woltersdorf

---

(†) Von denen griechischen Wörtern Orthon [Ορθον] und Ceras [Κέρας], welche ein gerades Horn heißen.

dorf nennt sie in seinem Mineralsystem hornförmige Meerröhrensteine (††). Inzwischen muß man dem Herrn Breynius die Ehre wiederfahren lassen, daß er zuerst die Orthoceratiten bekant gemacht habe. Allein schon lange vorher hat der um die Naturhistorie hochverdienter Herr Johann Bianchi (unter dem Nahmen Janus Plancus) dieses Geschlecht von vielkamrigen Meerröhren im Meersande am Ufer des adriatischen Meeres zu Rimini (*) entdeckt und solche nebst vielen andren

---

(††) Von Herrn Bertrand werden dieselbe Tubuli concamerati, Limites, Vermiculorum marinorum Testæ Canalibus concameratis; Tuyaux cloisonnés geheißen. *Dictionnaire Oryctologique universel.* Tom. 1. pag. 88.

(*) Liber de Conchis minus notis in Littore ariminensi, &c. Venetiis 1739.

dren bisher unbekanten Schnecken beschrieben.

§. 2.

Die Orthoceratiten stellen eine röhrige Schaale ohne schneckenförmige Windung vor. Sie haben gerade umlauffende vertiefte Zirkel. Diese Zirkel, welche zuweilen, wie eingekerbte Ringe (Fig. 9. 10.) und fast wie Gelenke an denen Regenwürmen aussehen, lauffen ganz herum. Sie haben, wenn sie ganz sind, beynahe die Gestalt eines geraden Horns (Kegels). Es ist aber ein seltenes Beyspiel dieselbe ganz zu bekommen. Von der Spitze nehmen sie almählig zu und werden unten je breiter. Ein ganzer Orthoceratit besteht aus vielen Fächern (Kammern), welche man meistentheils durch die rund herumlauffenden

Kerbe

Kerbe deutlich unterscheiden und zählen kan. Man findet gar ofte einzelne Kammern der Orthoceratiten, welche auf einer Seite erhaben (convex) und auf der andren Seite hohl (concav), wie ein Schüsselgen, sind. Durch jede Kammer geht eine zimlich weite Nervenröhre [Siphunculus], welche gerade über der folgenden steht.

§. 3.

Die steinernen Schüsselgen oder einzelne Kammern dieser hornförmigen Meerröhrensteine sind meines Erachtens nichts anders, als die Steinfüllung (Steinkerne) des inwendigen Raums der Kammern, welche ehedem, vor der Versteinerung, leer waren. Die Nervenröhre, welche durch eine Kammer in die andre geht, scheinet der Gang des ehemaligen Einwohners gewesen zu seyn,

seyn; durch welche sich das Thier vermittelst einer durchgehenden Flechse, wie bey den Schifschnecken, an dem Hause bevestigt hat. Wenn man das innerliche Gebäude der Schifkutteln betrachtet; so wird man bemerken, daß der Bau der Orthoceratiten, der Structur der Schifkutteln änlich sey; aber mit dem Unterschiede, daß die erstern kegelförmig, die leztern im Gegentheile schneckenförmig gebildet sind. An denen Schifkutteln beobachtet man ebenfals in der Mitte einer jeden Scheidewand der Kammern eine kleine runde Oefnung, an welcher ein kleines Röhrgen hänget, dessen Mündung gerade über den folgenden steht. Dieses bis in die Spitze gehendes Nabelloch und Röhre machet bey denen versteinten Schifkutteln (Nautiliten) die Nervenröhre aus.

§. 4.

§. 4.

Die Orthoceratiten (hornförmigen Meerröhrensteine) werden mit allem Rechte unter die Röhrensteine [Tubulitas] und zwar unter die ungewundenen vielfächerigen Meerröhrensteine [Tubulitas multiloculares, *seu* polythalamios] gerechnet. Herr Breynius hat neunerley Arten derselben bekannt gemacht, welche aber nur durch die verschiedene Lage der Nervenröhre von einander unterschieden werden. An einigen ligt die Nervenröhre in dem Mittelpunkte, an andren an dem äussersten Rande (Fig. 14.) und ferner an einigen zwischen dem Mittelpunkte (Fig. 9. 10. 13.) und dem äussersten Rande der Kammern. Daher kan man die Orthoceratiten am ordentlichsten in dreyen Gattungen abtheilen: 1) der Orthoceratit, dessen Nervenröhre

röhre gerade im Mittelpunkte ligt; 2) der Orthoceratit, deſſen Nervenröhre am äuſſerſten Rande ligt; 3) der Orthoceratit, deſſen Nervenröhre zwiſchen dem Mittelpunkte und dem äuſſerſten Rande ligt. Dies iſt eigentlich die Eintheilung derſelben nach ihrem innern Baue.

§. 5.

Ich wil keinesweges die ſyſtematiſche Eintheilung der verſchiedenen Arten derer Orthoceratiten, welche Herr Breynius, Herr Woltersdorf und andre geſchickte Naturkündiger davon gemacht haben, übern Hauffen werfen. Mir deucht aber, daß der Unterſchied der Arten [Differentia specifica] derer Orthoceratiten nicht deutlich genug beſtimmet ſey, wenn man dieſelbe nach dem innern Baue, nemlich nach der

Lage

Lage der Nervenröhre, eintheilet. Ich wil denen Liebhabern der Foßilien eine andre Abtheilung der verschiedenen Arten der Orthoceratiten mittheilen. Nach ihrer äusserlichen Figur und Structur könte man dieselbe in zwoen Gattungen abtheilen: 1) die geraden Orthoceratiten, welche eigentlich diejenigen sind, die wir hier beschreiben; 2) die krumgebogenen Orthoceratiten, welche eigentlich die Lituiten oder Bischofsschneckensteine sind, die aber einige zum Geschlechte der vielkammrigen Schneckensteine [Cochlitarum polythalamiorum] rechnen. Herr Woltersdorf machet aus denen Lituiten eine besondre Art von vielkammrigen Meerröhrensteinen, allein ich rechne dieselbe mit dem Herrn Wallerius, mit mehrerem Rechte unter die Orthoceratiten.

G §. 6.

§. 6.

Wenn mir es meine gelehrten Leser gestatten wollen, sie auf ihre Unkösten mit unnüzlichen Gedanken zu unterhalten; so wil ihnen eine neue aber ohnmasgebliche systematische Eintheilung der Orthoceratiten mittheilen. Nach der äusserlichen Gestalt könte man dieselbe am ordentlichsten in zwoen Gattungen abtheilen: 1) die zirkelförmigen Orthoceratiten (Fig. 9. 13.), deren Kammern in ihrer Peripherie volkommen rund sind; 2) die ovalförmigen Orthoceratiten (Fig. 10. 14.), deren Kammern eine elliptische oder ovalförmige Figur im Umkreise haben. Die ovalförmigen Orthoceratiten sind zwar kegelförmig, wie der zirkelförmige Orthoceratit, aber auf zwoen entgegengesezten Seiten sind sie etwas zusammen gedruckt und plat, also daß

sie

sie in der Circumferenz eine ovalför=
mige Bildung (Fig. 14.) haben. Von
beyden Gattungen besitze in meinem
Fossiliencabinet und dergleichen werden
sich in andren Samlungen genug be=
finden.

§. 7.

Es giebt noch ferner ein Unterschied
unter denen Orthoceratiten, welchen
vieleicht kein Schriftsteller bisher an=
gemerkt hat. Es giebt nemlich vors
erste dünnschaalige Orthoceratiten
(Fig. 12.), deren Kammern aus ganz
dünnen und subtilen Schüsselgen be=
stehen, die von der Dicke des Glases,
welches das Zifferblat einer Sackuhr
bedecket, sind. Diese Orthoceratiten
sind aus sehr dünnen und nicht einer
Linie breiten Blätgen zusammengesezt.
Vors andre giebt es dickschaalige Or=
thoceratiten (Fig. 9.), deren Kammern
zum=

zimlich dicke Schüsselgen ausmachen. Diese Gattung ist gemeiner, als die vorige, denn fast an allen bekanten Orthoceratiten sind die Kammern zimlich breit. Der Orthoceratit ist demnach daher von denen vielfächerigen Schneckensteinen unterschieden: weil er einen geraden Kegel vorstelt, da hingegen die Ammoniten und Nautiliten einen gewundenen Kegel darstellen; die Lituiten aber theils einen geraden theils einen gewundenen Kegel bilden. Die Orthoceratiten und Belemniten (pfeilförmige Meerröhrensteine) sind in dem unterschieden, daß die ersten keine Rinde haben, die leztern aber mit einem dicken kegelförmigen Gehäuse umgeben sind.

§. 8.

§. 8.

Ich komme nun auf die Beschreibung derjenigen hornförmigen Meerröhrensteine, welche in der Eiffel auf Churpfälzisch-jülischem Gebiete entdeckt worden. Die erste Art zeiget die neunte Abbildung (Fig. 9.). Dieser Orthoceratit ist im Umkreise zirkelförmig, daher er zur ersten Gattung (§. 6.) gehört. Er besteht aus acht Kammern. Seine Nervenröhre (Fig. 9. Lit. n. o.) ligt zwischen dem Mittelpunkte und dem Rande. Die dreyzehnte Abbildung (Fig. 13.) zeiget die Oberfläche einer Kammer dieses Orthoceratiten. Ich wil mich aber nicht lange mit der Beschreibung dieser Art von Orthoceratiten aufhalten: weil dieselbe bekant genug sind, von verschiedenen gelehrten Männern beschrie=

schrieben worden. (†) und die sich nicht allein in unsren Gegenden; sondern auch in der Schweiz, im Blanken= burgischen, im Mecklenburgischen, in Oeland, Gothland, Sibirien ꝛc. fin= den.

§. 9.

(†) BREYNII Differtatio physica de Polythala- miis, &c.

GMELIN, De Radiis articulatis lapideis, &c.

KLEINII Defcriptiones Tubulorum marinorum, &c.

WRIGHT, An Account of a remarkable Fossil commonly called Orthoceratites, &c. &c.

§. 9.

§. 9.

Die zehnte Abbildung zeiget einen etwas längern und schmälern Orthoceratit (Fig. 10.) aus der Eiffel. Dieser Orthoceratit ist in seiner Peripherie elliptisch oder ovalförmig. Von der geraden Seite, wie er hier (Fig. 10.) abgebildet ist, kan man seine länglicht-runde Gestalt nicht, sondern nur von oben oder unten her bemerken. Dieser gehört zur zwoten Gattung (§. 6.) der Orthoceratiten, nemlich zu derjenigen Art, die eine ovalförmige Bildung in ihrer Peripherie haben. Dieser Orthoceratit besteht aus eilf Kammern. Der untere Theil davon (Fig. 10. Lit. p. q.) ist, so wie an denen mehresten, breiter. Er nimt also almählig ab, und wird gegen (Lit. r. s.) schmäler und spitziger. Die Nervenröhre geht sehr nahe bey dem Mittelpunkte

(Fig.

(Fig. 10. Lit. t. t.) hindurch. Die vierzehnte Abbildung (Fig. 14.) zeiget die erhabene Seite der Kammer eines ovalförmigen Orthoceratiten. Der unter der zwölften Figur (Fig. 12.) vorgestelter Orthoceratit gehört auch zu dieser Art.

§. 10.

Derjenige Orthoceratit, den ich mir jez zu beschreiben vorgenommen habe, verdienet wegen seiner besondren Structur auch einige Aufmerksamkeit. Ja, er kan als eine neue unbekante Art von Orthoceratiten betrachtet werden (††). Die zwölfte Abbildung (Fig. 12.) zei=

(††) Wir wollen demnach nicht hoffen, daß uns die ausländischen Liebhaber den Vorwurf machen werden, als wenn wir die Seltenheit unsrer

zeiget einen Orthoceratiten, deſſen Kammern im Umkreiſe ovalförmig ſind; und daher derſelbe zur zwoten Art der Orthoceratiten (§. 6.) gehört.

G 5 Ich

unſrer niederdeutſchen Foſſilien alzu ſehr aus Liebe gegen das Vaterland herausgeſtrichen hätten. Wir laſſen aber Kenner davon urtheilen. Man machet öfters aus viel gemeinern Naturalien eine groſſe Seltenheit und ich habe kein Injurienproces zu befürchten, wenn ich ſage, daß bey vielen menſchlichen Bemühungen zuweilen eine kleine Charletanerie zu herſchen pflegt. Ich meyne es ſo böſe nicht, denn ich wil nur dadurch ſo viel andeuten, daß man gar ofte aus einer Sache ein Wunderwerk machet, die an ſich keine Merkwürdigkeit beſitzet. In dieſem kleinen Irthume pflegen auch zuweilen die Herren Naturalienſamler zu verfallen. Allein ich habe in der Vorrede im größten Ernſte geſagt, daß die Verſteinerungen unter die merkwürdigſten Erſcheinungen in der Natur zu rechnen ſeyn. Ja, ich darf es ferner mit vieler Dreuſtigkeit behaupten, daß die verſteinten

Kör-

Ich habe vorher von einer unbekanten Art Meerröhrensteine Meldung gethan (§.7.), welche ich zum Unterschiede der andren oft vorkommenden Gattungen dünnschaalige Orthoceratiten ge=

Körper nicht allein unter die merkwürdigsten Naturwerke müssen gezählt werden; sondern daß sie auch einigermaßen einen Vorzug vor die Insecten, Muscheln, Schnecken und andre unversteinten Geschöpfe verdienen: denn einjeder wird ja so weit die Sache einsehen, und überzeugt seyn, daß ein versteintes Schaalthier weit seltsamer sey, als eine unversteinte Schnecke oder Muschel: weil das erstre vorher ein organischer Körper gewesen, der nunmehr in Stein gänzlich verwandelt ist. Ist aber diese Verwandlung nicht eine Naturbegebenheit, welche uns bey reiffer Betrachtung in Verwunderung setzen muß, wenn man auch schon die Ursachen der Versteinerung einsieht. Es scheint dennoch, das viele Naturaliensamler, welche sich nur mit der blosen Samlung der Muscheln, Schnecken, und andrer Seethiere beschäftigen, nur das Schöne,

geheißen habe. Die meisten Orthoceratiten, so wohl die kleinen als grossen Gattungen, bestehen aus zimlich dicken Schaalen (zweiten Kammern), wie man dies bey denen schon beschriebenen Stü=

Schöne, nicht aber das Merkwürdige und das Nüzliche lieben. Doch jede Zeit hat ihre besondre Moden, ja auch ihre besondre Krankheiten. Vieleicht ist die Conchyliomanie die herschende Gemüthsplage unter denen Liebhabern unsrer Zeiten. Es ist aber nicht ohne Grund zu vermuthen, daß die versteinten Körper mit der Zeit weit rarer, als einige unversteinte und heut zu Tage stark aufgesuchte Naturalien, werden können: denn wir haben die Erfahrung, daß gewisse versteinte Schaalthiere an einigen Oertern nicht so häufig, als vorher, gefunden werden. Man hat im Gegentheile nicht von denen unversteinten und aus dem Meere herkommenden Muscheln, Schnecken, ꝛc. zu befürchten, daß dieselbe rarer werden solten (obwohl solche durch die sich jezo vermehrenden Samlungen und durch die darunter lauffende Gewinsucht
hoch

Stücken (Fig. 9. 10.) wahrnehmen kan. Die zwölfte Abbildung (Fig. 12.) stellet einen Orthoceratiten vor, der aus ganz dünnen Kammern (subtilen Schaalen) besteht. Man kan ohngefehr sieben Kammern noch deutlich daran erkennen. Diese Kammern sind so dünne, daß sie nicht eine Linie (der zehnte Theil eines geometrischen Zolls) breit sind. Da die Orthoceratiten nach ihrer natürlichen Gestalt unten almäh=
lig

---

hoch im Preise steigen): weil alle Muscheln und Schnecken von Thieren, die sich täglich im Meere vermehren und ihr Geschlecht fortpflanzen, herrühren; dergestalt daß man keinen Untergang noch Abgang der Schaalthiere zu besorgen habe. Unsre Nachkömlinge, wenn diese eine so eifrige Neigung zur Naturhistorie, wie wir heut zu Tage, hegen solten, werden vieleicht verschiedene Arten versteinerter Schaalthiere zu sehen wünschen, die jezo entdeckt worden, die künftig aber nicht mehr werden gefunden werden.

lig abnehmen und zu Ende spitzig aus=
lauffen; so ist wahrscheinlich, daß
dieser dünnschaaliger kegelförmiger
Meerröhrenstein (den man auch eng=
kammriger Orthoceratit heißen kan)
in seinem erstern natürlichen Zustande
aus weit mehr, als fünfzig solchen
dünnen Schaalen (engen Kammern)
bestanden habe. Dieses ist aus der
breiten Peripherie und der Dünnig=
keit der Schüsselgen sehr wahrscheinlich.
Das Original ist also gewis ein vielfä=
cheriger Tubulit von einer merkwürdi=
gen seltsamen Structur gewesen. Die
Nervenröhre dieses engkammrigen
ovalförmigen Orthoceratiten (Fig. 14.)
ligt nahe am Rande. Diesen eng=
kammrigen Orthoceratiten kan man
also unter die seltenste Art vielfächeri=
ger Meerröhrensteine rechnen. Ja, als
eine besondre Gattung ansehen, wovon
man

man vieleicht bey keinem Schriftsteller eine Beobachtung und Beschreibung finden wird.

§. 11.

Damit man uns aber nicht den Vorwurf einer gelehrten Windmacherey machen könne, alswenn wir nicht mehrere neue Entdeckungen, als die vorher beschriebenen Pantoffelsteine, aus unsren niederdeuschen Gegenden aufzuweisen hätten; so wollen wir noch ferner eine besondre vieleicht gar wenig bekante Art von einem besonders gebildeten vielkantrigen Meerröhrensteine, welcher nahe bey der Reichsstadt Aachen gefunden worden, beschreiben. Die eilfte Abbildung (Fig. 11.) zeiget eine neue ganz seltene Art von vielfächerigen Tubuliten. Dieser Meerröhrenstein ist ebenfals kegelförmig, aber

)(111)(

aber auf beyden entgegengeſezten Seiten etwas flach und plat, alſo daß er einen Kegel vorſtelt, der in ſeiner Peripherie eine ovalförmige Geſtalt hat. Die neunzehnte Abbildung (Fig. 19.) zeiget die Grundfläche dieſes kegelänlichen vielkammrigen Tubuliten, daraus man ſich deſſen ovallänglichte Peripherie deutlicher vorſtellen kan. Dieſer Meerröhrenſtein nimt, wie die Orthoceratiten, von der Spitze (Fig. 11. Lit. u. x.) almählig zu und wird unten (Lit. y. z.) je breiter. Er beſteht aus vielen ſteinernen Wirbelbeinen [Spondylolithis, Vertebris lapideis]. Jeder Spondyloliṫh (Fig. 18.) machet eine Kammer aus; gleichwie die ſteinernen Schüſſelgen bey denen Orthoceratiten die Fächer (§. 2. 3.) vorſtellen.

§. 12.

§. 12.

Die besondre Structur dieses versteinten Schaalthieres verdienet eine nähere Betrachtung. Da ich vor einiger Zeit die ersten Stücke davon in der Gegend von Aachen entdeckte, verfiel ich gleich auf den Gedanken, daß dieser versteinter Körper viele Aenlichkeit mit denen Ammoniten hätte. Nach verschiedenen Untersuchungen und Vergleichungen fand ich endlich, daß derselbe mit denen Orthoceratiten wegen seiner ungewundenen kegelförmigen Gestalt und mit denen Ammoniten wegen seine Spondylolithen [Vertebras lapideas] eine nahe Verwandschaft hätte (*). Die ferner gemachten

---

(*) Bey der ersten Entdeckung dieses unbekanten versteinerten Schaalthieres (die gewissermaßen merk=

ten Untersuchungen überzeugten mich demnach, daß dieser versteinter Körper eine besondre bisher unbekante Art eines versteinten vielkammrigen Tubuliten sey, der sich gänzlich durch seine Bauart von denen Orthoceratiten und Ammoniten unterscheidet.

H   §. 13.

merkwürdiger, als die Entdeckung der Orthoceratiten ist) fand ich nur einzelne Theile davon und hatte eben eine so mühsame Untersuchung, als der gelehrte Herr Breynius bey der Entdeckung der Orthoceratiten gehabt und worüber sich der einsichtreiche Herr Johann Gesner in folgenden Worten ausdruckt: Dum hæc de Or_thoceratitis scriberet doctissimus BREYNIUS nonnisi fragmenta hactenus reperta fuerunt, ex quibus inter se collatis sagacissime veram Testacei figuram & structuram indagavit, ut mireris quam pulchre stabilitum à se novum Testaceorum genus deinceps Obfervationibus sit confirmatum. *Tractat. phyf. de Petrificat. cap.* 14. *pag.* 43.

§. 13.

Die achtzehnte Abbildung (Fig. 18.) zeiget eine abgesonderte Kammer (Spondylolithen) dieses vielfächerigen Meerröhrensteins. Oben (Lit. v. v.) und unten sieht man die sieben Fortsätze des Spondylolithen [Apophyses, Processus Spondylolitharum] herausstehen. Aus der Hervorragung dieser Fortsätze lassen sich die blätterähnlichen Figuren, welche man auf der Oberfläche dieser Tubuliten (Fig. 11. Fig. 15.) sieht, herleiten; denn alle Fortsätze haben neben sich eine Höhle, darinnen die Fortsätze des darauf folgenden Spondylolithen gerade passen. Die Structur der Fortsätze ist so ordentlich, daß sie allemal in die Höhlungen sehr genau schliessen. Jeder abgesonderter Spondylolith pflegt also eine Kammer, gleichwie bey denen blät-
teri=

terigen Ammoniten, auszumachen. Wenn nun viele dieſer Spondylolithen auf einander ſtehen; ſo ſieht man nicht allein, wie dieſelbe zuſammen hängen; ſondern man begreift auch, woher die auf der Oberfläche vorhandene blätterige Zeichnung herrührt (**). Alle auf dieſem Meerröhrenſteine ausgedruckte blätterförmige Figuren kommen ohnſtreitig von denen ſtärkern oder ſchwächern Ausbreitungen (Ramificationen) der Fortſätze her. Die meiſten Fortſätze (beſonders die Fortſätze derer

---

(**) Die Verknüpfung der Fortſätze und der Zuſammenhang der Spondylolithen hat viele Gleichheit mit der Sutur oder Nath des Hirnſchädels. Dieſe denen Suturen ſehr ånlichen auf dieſem Tubulit gebildeten Figuren kan man ſehr wohl die blätterigen Zierathen [Ornamenta foliacea], wie bey einigen verſteinten Ammonshörnern, heißen.

derer grossen Spondylolithen) haben durchgehends eine kleine Spaltung oder Vertiefung in der Mitte (Fig. 18. Lit. v. v.) und bestehen gleichsam aus zwoen Zinken. Daher sind die auf der Oberfläche vorkommenden blätterähnlichen Figuren durchgehends zweyzinkicht (Fig. 11. 15.) gebildet.

§. 14.

Die neunzehnte Abbildung (Fig. 19.) zeiget die Grundfläche der Spondyloli= then, welche ovalförmig ist. Auf dieser Grundfläche sieht man deutlich die Fort= sätze (Lit. w. w.) erhaben. Diese Ab= bildung zeiget sieben Fortsätze. Eine jede abgesonderte Kammer (Spondylo= lith) hat durchgehends auf einer Seite sieben Fortsätze und auf der andren Sei= te nur sechs. Die symmetrische Structur dieses Tubuliten erfodert auch diese ver=
schie=

schiedene Anzahl der Fortsätze. Man wird dessen überzeugt, wenn man die Einfassung jedes Spondylolithen in den andren genau betrachtet.

§. 15.

Die blätterförmige Zeichnung, die man auf einigen Stücken (welche aus vielen Kammern bestehen) sieht, ist zuweilen etwas verschieden; denn an einigen sind die Blätter an allen Enden spitzig (Fig. 11.), an einigen aber etwas rundlicht, wie dies die fünfzehnte Figur (Fig. 15.) beweiset. Es hat aber mit diesem Tubuliten die Bewandnis, wie mit denen Orthoceratiten, daß es ein höchst seltener Vorfal sey, davon ein ganzes Stück zu erhalten. Zum wenigsten ist mir bisher noch keine solche ganze Schaale vorgekommen. Ich habe daher an dem breiten Ende der

der eilften (Lit. y.) und der fünfzehnten (Lit. x.) Abbildung die wirkliche natürliche Gestalt dieser vielkammrigen Meerröhrensteine vorgestelt; die Hälfte dieser beyden Stücke habe ich aber gegen das spitzig auslaufende Ende (Lit. u. z.) nur durch subtile Striche und Punkte abgebildet: damit man sehen könne, daß diese neue Art Meerröhrensteine unten breit (Fig. 11. Lit. y. z.) sey, almählig abnehme, oben spitzig auslauffe (Fig. 11. Lit. u. x.) und folglich eine conische Figur in ihrer erstern natürlichen Bildung, (ehe dieses Schaalthier in dem Erdboden in Stein verwandelt worden) gehabt habe. Dieser conische Tubulit ist aber von der Figur eines gewöhnlichen ganz runden Kegels in dem unterschieden, daß derselbe in seiner Peripherie ovalförmig ist (§. 11. 14.) das ist, auf zwoen Seiten etwas flach;
der

der ordentliche Kegel aber im Umkreise allemal zirkelförmig und volkommen rund sey. Die neunzehnte Abbildung (Fig. 19.), welche die Grundfläche dieser Tubuliten vorstelt, machet die auf beyden Seiten flache Bildung derselben ganz begreiflich.

§. 16.

Da nun erwiesen habe, daß dieses versteintes Schaalthier weder ein Ammonit wegen seiner äusserlichen geraden einem Kegel änlichen Gestalt; noch vielweniger ein Orthoceratit wegen seiner innerlichen Bauart (§. 12. 13. 14. 15.) sey; so wird man gar leicht eingestehen, daß dasselbe eine neu entdeckte bisher unbekante Art versteinter vielfächerigen Meerröhrensteine sey. Wir wollen nun diese neue Gattung von Tubuliten auch mit einer Benennung be-

legen, wobey wir aber jedem Liebhaber die Freyheit lassen, solche nach seinem Gefallen anders zu benennen. Herr Breynius hat die Orthoceratiten daher also benent; weil sie einem geraden Horne sehr änlich sind. Es kan also gegenwärtiger Meerröhrenstein nach der Aenlichkeit, die er mit einem flachen Horne hat, Homaloceratit [Homaloceratites] benamset werden (†). Dieses versteintes Schaalthier
könte

―――――――――――――――

(†) Diese Benennung ist aus der griechischen Sprache hergenommen, denn Homalos [Ὁμαλὸς, planus] heißt platt oder flach und durch Ceras [Κέρας, Cornu] wird ein Horn verstanden. Diese zwey zusammengesezten Wörter haben also die Bedeutung eines flachen Horns. Auf diese Art könte man auch gegenwärtigen Tubuliten nicht allein Homaloceratit; sondern auch Epipedoceratit, Isopedoceratit, Pedioceratit,
von

könte auch ein blätteriger vielkammriger Meerröhrenstein [Tubulites polythalamius, foliaceus] oder ein flachkegelförmiger vielfächeriger Tubulit genennt werden.

H 5 §. 17.

von denen griechischen Wörtern Επιπεδος, Ισοπιδος, Πεδιον, und Κερας benennen: weil durch die erstern Wörter flach, und durch das leztere aber ein Horn ausgedruckt wird. Da die Benennung, welche Herr Breynius dem Orthoceratit auf die nemliche Art zu erst gegeben hat, gar willig ist angenommen worden; so wird man die Benamsung, die ich diesem vielkammrigen Tubuliten zu erst gebe, nicht verwerfen. Ich versichere aber, daß ich diese neuen Benamsungen keinem Liebhaber der Naturhistorie aufbringen wil, denn einjeder kan denselben nach seinem Sinne taufen.

§. 17.

Unter denen vielkammrigen Meerröhrensteinen und vielfächerigen Schneckensteinen herschet eine besondre Symmetrie, Analogie und Verwandschaft, die wir unsren gelehrten Lesern zeigen wollen. Die vielkammrigen Tubuliten und Cochliten bestehen alle aus einer röhrigen in vielen Fächern abgetheilten Schaale, aber mit dem Unterschiede, daß erstere gerade kegelförmig, leztere hingegen schneckenförmig gewunden sind. Gleichwie nun aus dem Geschlechte derer Tubuliten der Orthoceratit wegen seinen vielen Kammern eine Verwandschaft mit dem Nautilit, aus dem Geschlechte der Cochliten, hat; also hat auch gegenwärtiger Homaloceratit, wegen seinen Spondylolithen, eine Verwandschaft mit dem Ammonit. Nach dieser

ser Aenlichkeit der innerlichen Structur, welche gemeldete Tubuliten mit denen Cochliten haben, kan der Orthoceratit auch ein gerader Schifschneckenstein [Nautilites rectus] und der Homaloceratit ein gerader Ammonsschneckenstein [Ammonites rectus] genent werden. Aus dieser Betrachtung leuchten uns gar deutlich die ordentlichen Abänderungen und wunderbaren Verwandschaften ins Auge, welche der allweiseste Schöpfer denen Meergeschöpfen eingedruckt hat.

§. 18.

Ich wil nun denen Herren Naturaliensamlern ohnmasgeblich zeigen, zu welchem Geschlechte und zu welcher Art derer versteinten Schaalthiere der Homaloceratit gehört. Unter denen versteinten Schaalthieren giebt es ein

Ge=

Geschlecht, welches man Tubuliten oder Meerröhrensteine (ungewundene Schneckensteine) heißt. Dieselbe werden 1) in einfächerigen Tubuliten und 2) in vielfächerigen Tubuliten eingetheilt. Die vielfächerigen Meerröhrensteine bestehen aus einer geraden röhrigen Schaale, die in vielen Fächern oder Kammern abgetheilt (§. 2. 3.) ist. Da nun der jez beschriebene Homaloceratit aus einer geraden röhrigen Schaale besteht (§. 11.), welche aus vielen Kammern zusammengesezt ist (§. 13. 15.); so folget auf eine ungezwungene Weise, daß diese neue Art versteinter Schaalthiere zu dem Geschlechte der vielkammrigen Meerröhrensteine zu rechnen sey. Hierdurch wird das Geschlecht der vielfächerigen Tubuliten mit einer neuen und dritten Art vermehrt: denn vors 1) ist der

Be=

Belemnit (Pfeilstein) als die erstere Art; 2) der Orthoceratit, aber als die zwote Art derer vielkammrigen Meerröhrensteine bekant; dazu nun 3) der Homaloceratit, als die dritte Art derselben komt. Man kan folglich die Homaloceratiten in einem Fossiliencabinet unter die vielfächerigen Tubuliten und zwar nach denen Belemniten und Orthoceratiten legen.

§. 19.

Aus der vorher so deutlich als umständlich gemachten Beschreibung erhellet die Seltenheit dieses neuen polythalamischen Tubuliten. Ich vermuthe mit vielem Grunde, daß diese neu entdeckte Art versteinter Schaalthiere noch wenigen Naturaliensamlern bekant sey (††). Schon vor einige Jahre

---

(††) Daß die jez beschriebenen und von uns so
ge=

re fand ich diese neue Art versteinter Schaalthiere auf dem so genanten Loß=
berge (St. Salvatorsberg), der ohn=
weit der Reichsstadt Aachen an der
nord=

---

genanten Homaloceratiten selten und bisher un=
bekant gewesen seyn, beweiset folgender Auszug
eines Schreibens, welches mir ein einsichtreicher
Naturaliensamler aus Brabant den 16. Brach=
monat dieses Jahres zugeschickt hat. Dieser
Freund schreibt mir in folgenden Worten:

Ich bedaure es, daß mir Eurer Hochwohlge=
bohrnen edelmüthige Beeiferung um die Hi-
storiam naturalem nicht eher bekant geworden,
um Denenselben eine Piéce unique zu über=
schicken, welche Annotation verdient und deren
ich nebst andren vom Petersberg bey Mast=
richt bekommenen Sachen habhaft worden
bin. Es war zwar nur ein Fragment, als
ein Entrochus Belemnitis gestaltet, ohngefehr
einen halben Finger lang, am breiten Ende
ohngefehr 3. Linien und unten an der abge=
brochenen Spitze etwan noch $\frac{1}{2}$ Linie messend;
von dem Entrocho sich aber dadurch unter=
schie=

nordlichen Seite ligt. Ich entdeckte aber nur einige Stücke und verschiedene Spondylolithen, welche mich anfänglich zu allerhand Muthmaffungen und

---

schieden: weil es flach pyramidal zugegangen, ꝛc. Die Singularität dieses Stück's hat mich bewogen, solches dem durch seine Beyträge zu verschiedenen gelehrten Nachrichten verdienten Herrn D. Schulze zu überschicken, damit er solches in einem seiner Blätter bekant mache: weil mir sonst bishero noch nirgendswo ein solches Stück, weder in Samlungen, noch in Schriften, vorgekommen ist, ꝛc. ꝛc.

Diese Stelle beweiset nun klärlich, daß diese neue Art von vielkammrigen Tubuliten wenig bekant sey. Ich habe zwar noch kein Stück von denen, die ohnweit Mastricht (wie dieser Freund meldet) sollen gefunden werden, erhalten. Daher habe nur jezo diejenigen, die ich schon vor einige Jahre in der Gegend von Aachen selbst entdeckt, beschrieben. Ob nun der gelehrte Herr D. Schulze diese am Petersberge gefundene Versteinerung in einem Werke beschrieben habe, ist mir bisher unbewust.

und Versuchen verleiteten. Gleichwie es aber auch unter denen gelehrten Liebhabern der Naturhistorie solche Helden giebt, die sich ein Vergnügen daraus machen, Einwürfe und Zweifel zu erregen (dadurch sie aber gar ofte ihre lächerliche Unwissenheit verrathen); so machte mir ein Liebhaber, dem ich einen Spondylolithen geschickt hatte, die Einwendung, daß diese Versteinerung kein Ueberbleibsel eines Schaalthieres; sondern entweder ein Wirbelbein des Rückgrads eines Fisches oder ein Zahn eines unbekannten Thieres, ja vielmehr ein Spielwerk der Natur sey. Dies war aber ein Gedanke, den man nur haben konte, wenn man sich vorgenommen hätte, eine falsche Meinung mit Vorsatz zu behaupten; ja eine so lächerliche Muthmassung, als wenn man den Kopf
dar=

darauf verwetten wolte, daß die Natur alle in dem Erdboden vorgefundenen versteinten Körper (z.E. Muscheln, Schnecken, Fische, Holz, Blätter,ꝛc.) spielend durch einen blinden Zufal hervorgebracht hätte. Eine Sache, die wir niemals gesehen haben und die uns niemals bekannt gewesen, komt uns zuweilen bey dem ersten Erblicken seltsam und wunderbar vor. Wenn man sich nun nicht die Mühe geben wil derselben Ursprung zu untersuchen; so hat man kein vortheilhafteres Mittel dieselbe zu erklären, als nur, daß man mit einem ernstlichen Gesichte, mit einer gelehrten Gebehrde, saget: dieselbe sey durch einen blinden ohngefehren Zufal entstanden. Hierdurch machet man aber wieder einen Sprung in die alten barbarischen Zeiten zurücke. Dergleichen Erklärungen und Untersuchungen

J   sind

sind in unsrem aufgeweckten Jahrhunderte von eben solchem Wehrte, als vormals die ungegründeten Lehrbegriffe waren, welche die Schulweisen und die eifrigsten Anhänger der peripatetischen Philosophie von denen Eigenschaften derer natürlichen Körper hatten. Die Figur, Lage, Zusammenhang und ordentliche Verhältnis derer Theile, wie es erfodert wird; ja die Aenlichkeit und Verwandschaft, welche dieser jez beschriebene Tubulit wegen seiner innerlichen organischen Bauart mit andren Schaalthieren hat (§. 12. 13. 17.), beweiset, ohne Widerspruch, daß derselbe und dessen Theile (die Spondylolithen) keinesweges durch einen ohngefehren Zufal diese symmetrische Bildung erhalten haben; sondren daß solcher ehemals eine besondre Art von vielkammrigen Meerröhren

ren (ungewundenen Schnecken) gewesen sey.

§. 20.

Ich habe in denen Werken einiger Schriftsteller, welche hauptsächlich die Mineralogie und Oryctographie zum Gegenstande haben, nachgesucht, ob sie nicht diese Versteinerung beobachtet hätten. Allein ich habe davon gar keine Spuren gefunden. Der fleißige Naturforscher, Johann Jacob Scheuchzer (*) beschreibt im sechsten Theile

---

(*) Scheuchzer kan mit allem Rechte der schweizerische Plinius wegen seinem unermüdeten Fleiße und verschiedenen Entdeckungen (so wie Rumph der indianische Plinius genent worden) geheißen werden, ohnerachtet er uns so wohl als der ältere Plinius manches Mährgen hinterlassen hat; besonders in jenen Schriften, wo er durch die Triebe eines systematischen Geistes unge-

)(132)(

Theile seiner Naturgeschichte eine Versteinerung, die er Ceratoides (**) hei=

---

ungegründete Meynungen mit vielem Ernste behauptet hat. Scheuchzer lebte aber zu einer Zeit, da man sich noch nicht so eifrig angelegen seyn lies, die Beschaffenheit unsres Erdbodens, wie jezo, gründlich zu erforschen und da man noch einige Verehrung für die Erfindung neuer Lehrgebäude hatte, obwohl sie nicht allemal mit der Vernunft und Erfahrung übereinstimmten. Doch welcher Gelehrter darf sich schmeichlen, daß er nicht fehlen könne, und eben darum kan man es dem Scheuchzern nicht verargen, dafern er sich in seinen Muthmassungen geirret hat. Ich weis also nicht, ob man es billigen könne, wenn ein französischer Naturforscher Herr B ... die fabelhaften Meynungen des Scheuchzers, da er die Versteinerungen von der mosaischen Sündfluth herleitet, zum Gelächter machen wil. Mir deucht aber, daß dies eine unanständige Verachtung, ja eine Undankbarkeit gegen einen Gelehrten sey, der wegen seinen bekanten Verdiensten allemal hochachtungswürdig ist.

(**) Ceratoides articulatus stryis transversis undatus

heißt und die mit dem Homaloceratiten wegen ihrer innern und äussern Structur viele Aenlichkeit hat (†).

Nur

---

datus & ornamentis foliaceis infignitus. *Spec. Lith. Helv.* pag. 59. Fig. 82. *Meteorolog. & Oryctograph. helvet.* pag. 329. Fig. 163.

(†) So schreibt Scheuchzer in diesen Worten: Ich habe diesen braunen Stein Ceratoidem genennet: weil er gleich einem Horn bezeichnet, gemählig scheinet in eine Spitze auszulauffen: die Zwerchstreimen, welche oft von einem erhabenen Buckelein anfangen, nehmen nur den halben oder dritten Theil des Horns ein. Zuweilen siehet man auf der äussern Fläche Blätterzierathen und in denen abgebrochenen Gelenken ein Kreuz, so dem Maltheser Kreuz fast gleichet. Vielleicht kan unter diesen Titel gebracht werden: Astropodium multijugum, sive loricatum cinereum Septentrionalium. (*Luid.* n. 106.) Welches er haltet für den Encrinum Lachmundi (p. 57. 58.), mit besserm Recht aber kan verglichen werden ein gewisses daumendickes Bein in dem Haupt des Wallfisches, dessen

Nur ist hierinnen der Unterschied, daß diejenige Versteinerung, welche Scheuchzer beschreibt, nicht gerade ausgeht; sondern krum gebogen zu seyn scheinet und daß die Spondylolithen in der Peripherie rund sind. Scheuchzer rechnet diesen versteinten Körper unter die Bildersteine, die er nach seinem eigenen Geständnis nicht kennet, und die noch müssen untersucht werden. Vieleicht ist dieser Stein nur ein Stück eines Ammoniten gewesen. Die Abbildung, die er auf einer Kupfertafel in seiner Oryctographie giebt, machet dieses sehr wahrscheinlich. Allein nach der davon gemachten Beschreibung hält er dies Stück für eine unbekannte

Ver=

---

sen Bildniß zu sehen in Worm. Muf. (*p.* 281.) *Meteorolog. & Oryctograph. helvet.* Pag. 329. 330.

Versteinerung, die er nicht weis, womit er solche vergleichen solle. Da nun aus der Beschreibung und Abbildung, welche Scheuzer von seinem so genanten Ceratoides giebt, kein gewisser Schluß zu machen ist; so wolte ich dennoch mit vieler Wahrscheinligkeit behaupten, daß derselbe eine Unterart der Homaloceratiten sey. Ich werde hierüber meine Gedanken in meiner Naturgeschichte weitläuftiger äussern und eine neue Art von dergleichen krummgebogenen polythalamischen Tubuliten, die noch nicht lange entdeckt habe, umständlich beschreiben.

§. 21.

Ich habe noch eine nicht ganz unnützliche Betrachtung der Steinart dieser Schaalthiere (wie ich mir denn dies allemal zur nähern Kentnis der Flötzgebürge des Niederdeutschlandes vorgenommen habe) zu machen. Diese Tubuliten und andre Schaalthiere, welche man auf dem so genanten Loßberge und in der Gegend von Aachen versteinert findet, sind gemeiniglich in zwoerley Steinarten verwandelt. Einige Muscheln, Schnecken, ꝛc. sind in einem weichen gelblichten Sandsteine verwandelt (††), oder sie ligen vielmehr in einem gelben mürben Sandsteine nur, als Abdrücke davon. Diejenigen Muscheln und Schnecken, welche in einem etwas härtern Sandsteine stecken, sind zuweilen inwendig krystallinisch angeschossen. Ich habe auch Schaalen im Sandsteine gefunden,

da=

(††) Diese und mehrere Beobachtungen beweisen, daß es häufige sandsteinartige Versteinerungen gebe.

davon einige auf den Bruch spathar=
tig, andre hornsteinartig waren. Ei=
nige Körper findet man im gelben San=
de calcinirt oder verkalchet, z. E. Kno
chen, ꝛc. Andre Schaalthiere sind in ei=
ne besondre schwarzbraune Feuerstein=
art verwandelt. Die Homaloцerati=
ten und ihre Spondylolithen sind mei=
stentheils in eine schwarzgraue oder
schwarzbraune hornsteinartige Mate=
rie verwandelt. Dies ist abermals ein
neuer Beweisthum, daß der Feuer=
stein ehemals flüssig gewesen sey. Man
hat auch schon in andren Gegenden
Corallen, Muscheln, Schnecken und
Abdrücke derselben in dem Feuersteine
angetroffen. Hiervon besitze Stücke,
welche in Frankreich gefunden worden.
Diejenigen mineralogischen Observa=
tionen, welche ich bey einer kurzen
Reise in der Gegend von Aachen und

im

im Herzogthume Jülich gemacht, haben mich auf die Muthmaſſung gebracht, daß vieleicht einige Meilen um Aachen herum mächtige hornſteinige Flötzſchichten in dem Erdboden vorhanden ſeyn. Ja man findet auch ſehr wahrſcheinliche Proben, daß es in dieſen Gegenden viele Feuerſteinſchichten geben müſſe; denn hiervon habe ich nicht allein Spuren in einem zimlich tief geſenkten Schachte eines Steinkohlenbergwerkes (wo die Seitentonnen weggeriſſen waren) angemerkt; ſondern dies beweiſen auch die ſehr häufigen auf dem Felde und in ſandigen Erdlagen einzelne oder loſe Feuerſteine, die durchgehends von gelblicher, grauer und ſchwarzer Farbe ſind. Dieſer gemeine Hornſtein oder Feuerſtein [Pyromachus] findet ſich von Aachen bis Eupen im Limburgiſchen und im Jüli=

lischen bis an Geilenkirchen, Randerath, vieleicht noch weiter, (*) theils als abgerissene und durch das Fortrollen abgestümpfte Stücke; theils als runde nierenförmige Stücke, welche eine rauhe schwarze oder schrofigte graue Rinde haben: welche aber zuweilen inwendig mit schwarzen, grauen und gelblichten übereinander ligenden Schichten, wie der Onich, abwechseln. Man bedarf sich übrigens nicht zu verwundren, wenn man unter die versteinten Schaalthiere auf dem hohen Sandberge (der St. Salvatorsberg) bey Aachen auch Stücke, welche in eine hornsteinartige Materie verwandelt sind,

---

(*) Diese grobe Hornsteinart streichet ferner über das Gebürge von Aachen bis an der Maas.

sind, antrist; denn man findet auch, zufolge denen neuern Beobachtungen, hornsteinartige Versteinerungen im Sandsteine, obwohl die meisten versteinten Körper von eben der Steinart, als die Mutter ist, darinnen sie ligen, zu seyn pflegen.

III. Be=

III.
Beschreibung
einer
besondren neu entdeckten
Art
versteinter zwoschaaligen,
einer
Tasche aenlichen
Muschel,
aus dem
Jülischen Gebiete
in der
Eiffel.

§. 1.

In der Eiffel giebt es, aber selten (*), eine kleine Art einer versteinten zwoschaaligen Muschel, welche nach ihrer ganzen Gestalt einer Tasche sehr aenlich sieht (†) und die wir daher inzwischen Taschenmuschelstein heißen wollen. Dieser Muschelstein verdienet billig wegen seiner besondren Figur auch beschrieben zu werden.

§. 2.

(*) Von dieser Art sind einige wenige Stücke auf einen sehr kleinen Districte ohnweit Münstereiffel in einer eisenhaltigen Erde gefunden worden.

(†) CONCHITES duabus Testis inæqualibus instructus, Perulam referens.

§. 2.

Die sechszehnte Abbildung (Fig. 16.) zeiget einen solchen Muschelstein auf seiner erhabenen bäuchigten Seite. Oben an dem Schloſſe (Lit. a.) sieht man Spuren einer Furche, welche unten (Lit. b.) ganz deutlich wird und eine Vertiefung machet. Hier und dorten sieht man noch einige Spuren von ganz subtilen Streifen. Man kan dieselbe kaum mit bloſen Augen wahrnehmen und sind vermuthlich durch das Fortrollen weggeschliſſen oder durch einen andren Zufal zerrieben worden.

§. 3.

Die siebenzehnte Abbildung (Fig. 17.) zeiget dieſen Muschelstein von der andren flachen Seite. Gegen (Lit. c. d.) kan man das Schlos, welches sehr breit ist, bemerken. Oben am

Ran=

Rande (Lit. e.) ſieht man Spuren eines ſehr ſubtilen Zäckels, wo eigentlich auch der Wirbel geweſen iſt, alſo daß an dem nemlichen Orte der Deckel und die Muſchel ineinander geſchloſſen und zuſammen gehängt haben, wie man dies an andren doppelſchaaligen Muſcheln beobachtet. Dieſer Muſchelſtein (Fig. 17.) iſt auf dieſer Seite flach, ein wenig eingebogen und hohl, da hingegen die andre Seite (Fig. 16.) ſehr erhaben und bauchigt iſt.

§. 4.

Da nun dieſe beſondre Art von Conchiten einer gewiſſen Gattung von Taſchen ſehr aenlich iſt; ſo kan dieſer Conchit wohl Taſchenſtein oder Taſchenmuſchelſtein [Peridiolithus] genennt werden (††). Dieſe neuen Kunſtworte

---

(††) Peridiolithus iſt ein aus zweyen griechiſchen Wor-

worte werden denen Liebhabern der Naturhistorie nicht lächerlich und ungereimt vorkommen; denn in der Botanik

K

Worten zusammengesetztes Kunstwort: denn Πηρίδιον heißt eine kleine Tasche und λίθος einen Stein. Die neuen Worte: Peridiolith, Taschenstein, Taschenmuschelstein werden einem gescheidten Liebhaber nicht, als eine Erfindung unnützlicher Wörter vorkommen, denn an einem andren Orte habe ich mich schon genug darüber erklärt. Es ist noch nicht lange, daß ich in einer Satyre (unter dem Titel: Pseudosophie oder die falsche Weisheit der alten Schulweisen, 2c. Bonn, 1762.) über die Menge der leeren, barbarischen, nichts geltenden Worte, als Entitäten, Identitäten, Häcceitäten, 2c. geeifert habe, welche die Peripatetiker in der Weltweisheit, Arzeneylehre und in andren Wissenschaften geschleppet haben. Allein diese und hundert mehrere peripatetische Wort-Erfindungen haben nichts anders, als Hirngespinste, pedantische Grillen und lächerliche Einfälle müßiger Köpfe bedeutet. Da hingegen die heut zu

tanik findet man das Taschenkraut, welches wegen seiner Aenlichkeit mit der Schäferstasche also benent worden. Wegen der neuen Benennung des Taschenmuschelsteins beruffe ich mich auf jene Anmerkung, welche in der ersten Abhandlung von denen Pantoffelsteinen (§. 8. 9.) gemacht habe.

---

zu Tage in der Naturgeschichte neu eingeführten Kunstwörter [Termini technici] allemal die Benennung eines wirklichen Wesen, das ist, eines in der Natur vorhandenen Körpers bedeuten.

§. 5.

§. 5.

Diese neue Art von Muschelsteinen hat eine ganz besondre und fremde Bildung. Ich habe diesen Conchiten gegen verschiedene doppelschaalige Muschelsteine in meinem Cabinet gehalten, aber keine Gattung von Conchiten gefunden, welche mit dieser besondren Art einige Aenlichkeit hat und zu vergleichen ist. In der Gegend von Gera im Voigtlande findet man eine besondre Art tief gefurchter Gryphiten (*), welche mit dem jez beschriebenen

Ta=

(*) Diese besondre Gryphiten Art, nebst andren schönen Beyträgen zu meinem Cabinete, haben mir meine wehrtesten Freunde, der berühmte und um die Naturgeschichte hochverdienter Herr Joh. Ernst. Imman. Walch und Herr D. Seydenreich, herzoglich sachsen-weinarischer Hof- und Regierungs-Rath, gütigst mitgetheilt.

Diese

Taschenmuschelsteine, nach der äusserlichen Bauart, viel übereinstimmen. 1) Hat jene voigtländische Gryphiten Art eine tiefe Furche in der Mitte auf der erhabenen Seite; der Taschenmuschelstein hat eben eine kleine Vertiefung auf der bäuchigten Seite, die, wie auf dem nemlichen lacunirten Gryphiten, unten je breiter wird. 2) Der Deckel der voigtländischen Gryphiten ist flach und concav; eine solche Gestalt hat

---

Diese Gryphiten werden auf einem gewissen Striche bey Gera im obersächsischen Kreise gefunden. Es sind aber diese gefurchten voigtländischen Gryphiten (welche von einigen lacunirte Gryphiten genent werden) von denen sonst bekanten Greyfmuschelsteinen (welche man in der Schweiz, im Luxemburgischen ꝛc. findet) in dem unterschieden, daß erstere ein breites Schloß und eine Vertiefung auf der erhabenen Seite haben, die leztern aber ein etwas spitziges Schloß und keine Vertiefung auf der erhabenen Seite besitzen. Sonst sind beyde Gattungen nach ihrer Hauptbildung fast von einerley Art.

hat auch beynahe der Taschenstein (Fig. 17.), denn auf derselben Seite ist die Schaale flach und etwas hohl. 3) Der gefurchte voigtländische Gryphit hat ferner ein breites Schloß; an dem Taschenmuschelsteine beobachtet man ebenfals ein gar breites Schlos. Dieses sind die Kennzeichen des Geschlechtes [Characteres generici], dadurch ich glaube die nahe Verwandschaft der voigtländischen lacunirten Gryphiten mit unsrem Taschenmuschelsteine (Fig. 16. 17.) erwiesen zu haben.

§. 6.

Wir wollen nun auch den Unterschied der Arten [Differentiam specificam] dieser Muschelsteine anzeigen. Die voigtländischen Gryphiten und unsre Peridiolithen unterscheiden sich dadurch

durch voneinander: 1) Daß erstre auf der erhabenen Seite gegen das Schloß spitzig zulauffen; da hingegen leztre auf beyden Seiten am Schlosse (Fig. 16. 17. Lit. c. d.) breit ausgehen. 2) Die voigtländischen Gryphiten sind auf der erhabenen Seite am Schlosse mit einem krummen habichtsartigen Schnabel versehen; da man im Gegentheile an der bäuchigten Schaale bey dem Schlosse (Lit. a. e.) eine allmählig zunehmende und gerade ausgehende Spitze wahrnimt. Hieraus folget nun, daß obwohl beyde Muschelsteine eine nahe Verwandschaft haben, jede dennoch eine besondre Art ausmachet.

§. 7.

§. 7.

Diese besondre Art Muschelsteine hat auch einige Verwandschaft mit einer gewissen Art von Trigonellen, die man hier zu Lande findet. Hauptsächlich rühret aber die Verwandschaft von der änlichen Structur des ziemlich breiten Schlosses her.

§. 8.

Mir bleibet also noch übrig zu erweisen, welcher Theil das Gehäuse (die untere Schaale) und welcher Theil den Deckel (die obere Schaale) ausmachet. Die sechszehnte Abbildung (Fig. 16.) zeiget die Schaale, welche erhaben, bäuchigt, und grösser ist, als die andre. Die andre Schaale ist aber plat und kleiner (Fig. 17.) und hat jener zu einem Deckel gedient. Eine solche Beschaffenheit hat es auch mit denen Gryphiten. Ich habe durch die siebenzehnte Abbildung (Fig. 17.) einen Taschenstein, der etwas grösser ist, als der darneben abgeschilderte Muschelstein (Fig. 16.) vorgestelt, an welchem der Deckel in der Mitte gebrochen (Fig. 17.) und eingedruckt ist. Ich habe aber noch keines Deckels ohne Muschel habhaft werden können. Der Deckel sitzt so feste auf der Schaale, daß man an einigen, wegen ihrer kleinen Gestalt, die Zusammenfügung beyder Schaalen nicht entdecken kan. Man sieht demnach noch deutlicher (Fig. 17.), daß der Deckel kleiner, als die Schaale, ist; denn er geht nicht weiter, als bis an das Schloß (Lit. c. d.), da im Gegentheile die Schaale oben (Lit. e.) mit ihrer spitzig auslauffenden Endung über den Deckel heraussteht.

§. 9.

§. 9.

Aus der vorher gemachten Beschreibung wird man übrigens leicht erkennen, daß die Taschenmuschelsteine unter das Geschlecht der zweyschaaligen Conchiten (§.8.) gehören; daß ferner dieselbe unter der Art der ungleichschaaligen Muschelsteine müssen gerechnet werden. Man kan die Taschensteine also in einem Petrefacten = Cabinet neben denen Gryphiten, besonders neben denen gefurchten Greyfinmuschelsteinen (§.5.) legen, obwohl dieselbe eine neue und seltene Art ausmachen.

§. 10.

Dies ist die eigene Betrachtung der Natur selbst, die wir zur Entdeckung und Beschreibung dieser neuen Arten versteinter Schaalthiere gemacht haben. Wir verhoffen dadurch einigermassen die freundschaftliche Erinnerung des berühmten Woodwards gefolget zu haben, die er dem gelehrten D. Liebknecht ehemals geschrieben hat (†). Inzwischen schmeicheln wir uns, daß die gegenwärtigen Betrachtungen einiges Aufsehen unter ächten Liebhabern, zugleich aber auch einen Eifer für

---

(†) Quo vero certius Orbem literarium demerearis, Naturæ vestigiis insistas: neque nimium confidas Commentis aliorum, quæ nulla usquam Naturæ specie, nulla Observationum fide nixa sunt. *J. G. LIEBKNECHT, Specim. Hassiæ subterran. Sect. 2. cap. 4. §. 38.*

für die Beförderung der Naturgeschichte erwecken werden. Es bleibt uns also nichts mehr übrig zu erinnern, denn nur, daß die verschiedenen neuen Entdeckungen vieler, theils lebendiger, theils versteinter Thiere, die in diesem aufgeheiterten Jahrhunderte durch den rühmlichen Eifer der Naturforscher sind bekant gemacht worden, uns täglich je mehr der Wirklichkeit eines ersten Urheber aller Dinge überzeugen. Wie viele unbekante Thiere leben noch in der Tiefe des Meeres und wie viele ligen noch versteinert in der Tiefe der höchsten Berge, die dereinst von ohngefehr werden entdeckt werden, die aber denen Freygeistern, als neue Beweisthümer der Allmacht und Allweisheit des unergründlichen Schöpfers in die Augen fallen werden. In einem Worte, die seltenen Naturwerke, welche

che ein Liebhaber täglich in seinem Cabinette mit einem besondren Vergnügen betrachtet; und die bisher unbekanten neu entdeckten Thierarten, welche wegen ihrer Bildung und Bauart bewunderenswürdig sind, müssen einen wahrhaften Naturkündiger zur Erkentnis Gottes, ja zu dessen Verehrung, Bewunderung und zu dem ihm schuldigen Dienst leiten. Man ist demnach bey Betrachtung so vieler Wunderwerke der Natur verpflichtet, mit dem Könige David zu sagen:
Quam magnifica sunt Opera tua Domine: omnia in Sapientia fecisti. *Psal.* 103.

Anmerkung.

Wir wollen keinesweges die gelehrten Werke tadeln, welche seit vielen Jahren über die Naturgeschichte einzelner Länder herausgekommen sind; ja uns gar nicht zum Richter dieser so ruhmwürdigen als verdienstvollen Bemühungen aufwerfen. Allein ein wichtiger Gegenstand (der vieles zur Aufklärung der Naturgeschichte, zur Kentnis der physikalischen Erdbeschreibung, zum Ruhme eines Landes und zur Beförderung der Naturaliensamlungen beytragen kan) ist bisher vernachläßiget oder gar nicht daran gedacht worden. Die Schriftsteller der natürlichen Historie hätten sich nemlich bemühen sollen, genaue mineralogische und oructographische Landkarten deren von ihnen beschriebenen Gegenden zu verfertigen.

Durch eine Mineralogische und Oryctographische Landkarte (die wir mit der Benennung einer Physiographischen Landkarte kürzer ausdrücken können)

können) verstehen wir nun eine geographische Karte, welche nicht allein die Lage und den Nahmen der Städte und Dörfer, sondern auch die Oerter, wo sich Naturalien finden, vorstelt. Diese besondre Art von Landkarten ist zwofach, denn sie muß folgende zwo Gattungen von Naturwerken vorstellen: 1) die Lage und den Nahmen derer Bergwerke und deren Oerter, wo sich **Mineralien**, z. E. Erzte, Steinkohlen, Marmor, Torf, farbige Erdarten, ꝛc. finden; 2) die Lage und den Nahmen der Steinbrüche und Berggegenden, wo **Fossilien**, z. E. versteinte Muscheln, Schnecken, Corallengewächse, gegrabenes Holz, ꝛc. vorkommen.

Wer sich nur etwas in der Naturhistorie umgesehen hat, der kan gar leicht fassen, wie nützlich und nothwendig dergleichen physiographische Landkarten, theils zur gemeinen Wohlfahrt, theils zum Finanzwesen, sind. Auf diesem nüzlichen Vorwurfe werden wir auch besonders in der Naturgeschichte des Niederdeutschlandes bedacht seyn und darinnen mit möglichem Fleisse aus selbst gemachten und mitgetheilten Observationen dergleichen Landkarten beyfügen. Mit einer physiographischen Landkarte der Herzogthümer Jülich und Berg werden wir den Anfang machen. Diese kan denen ausländischen Liebhabern, die etwan von ihren Gegenden solche

Kar=

Karten verfertigen wollen, zum Muster dienen, indem wir alles in einem kurzen Begriffe durch eine besondre Erfindung deutlich vorstellen werden.

Auf solche Art könten auch wohl Zoologische und Phytologische Landkarten (denn das Reich der Thiere und Pflanzen gehört so wohl, als die Mineralien und Fossilien, zur natürlichen Historie) verfertigt werden, durch welche angezeigt würde, wo seltene Arten von Insecten und andren Thieren, wie auch, wo besondre Gattungen von Pflanzen vorkommen. Obwohl die Wissenschaften und Künste sehr hoch heut zu Tage gestiegen sind; so liessen sich dennoch weit mehrere nüzliche Erfindungen machen, wenn die Kräfte einzelner Schriftsteller hinlänglich wären, ihre neuen Gedanken und Vorschläge auszuführen. Daher hat Martial schon zu seinen Zeiten gewünschet:

Sint Mecænates, non
deerunt....Marones.

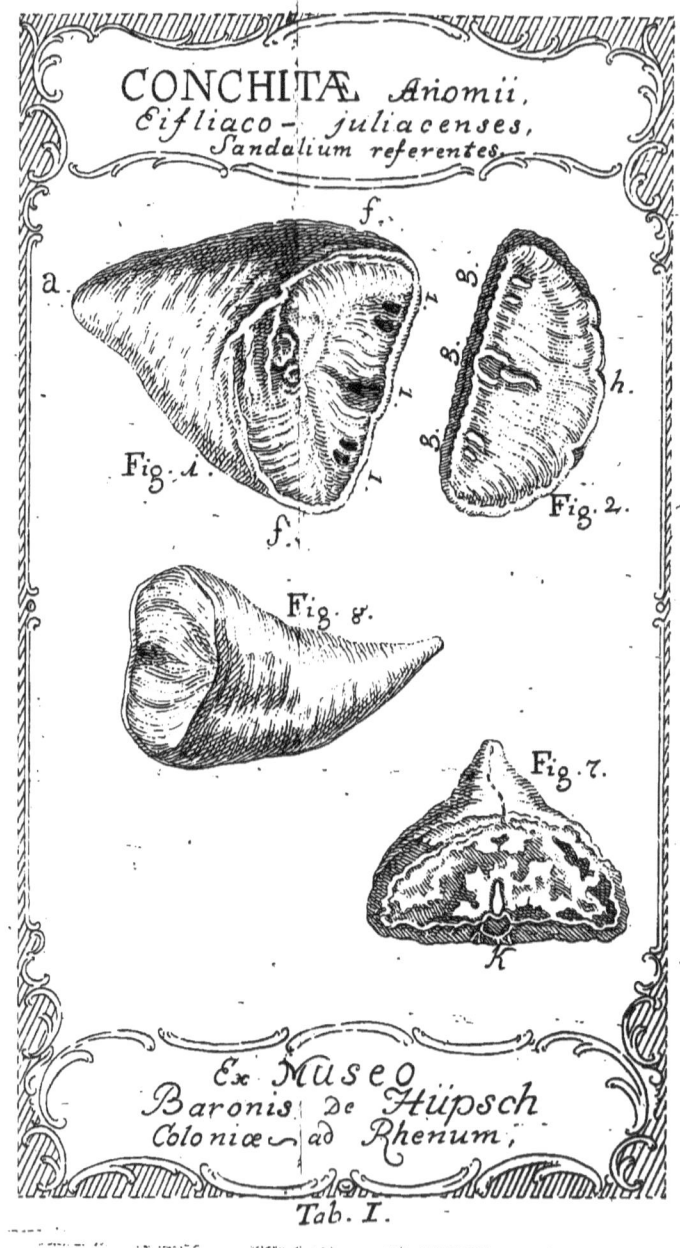

Tab. I.

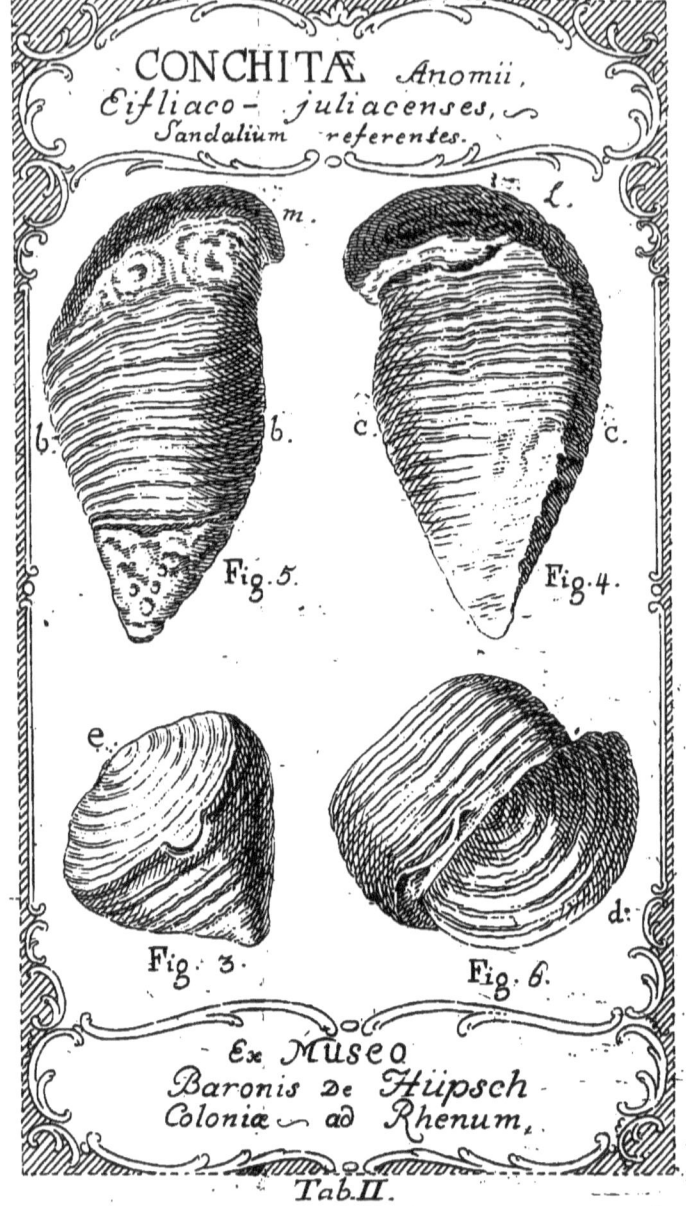

ORTHOCERATITÆ
Eifliaco - juliacenses.

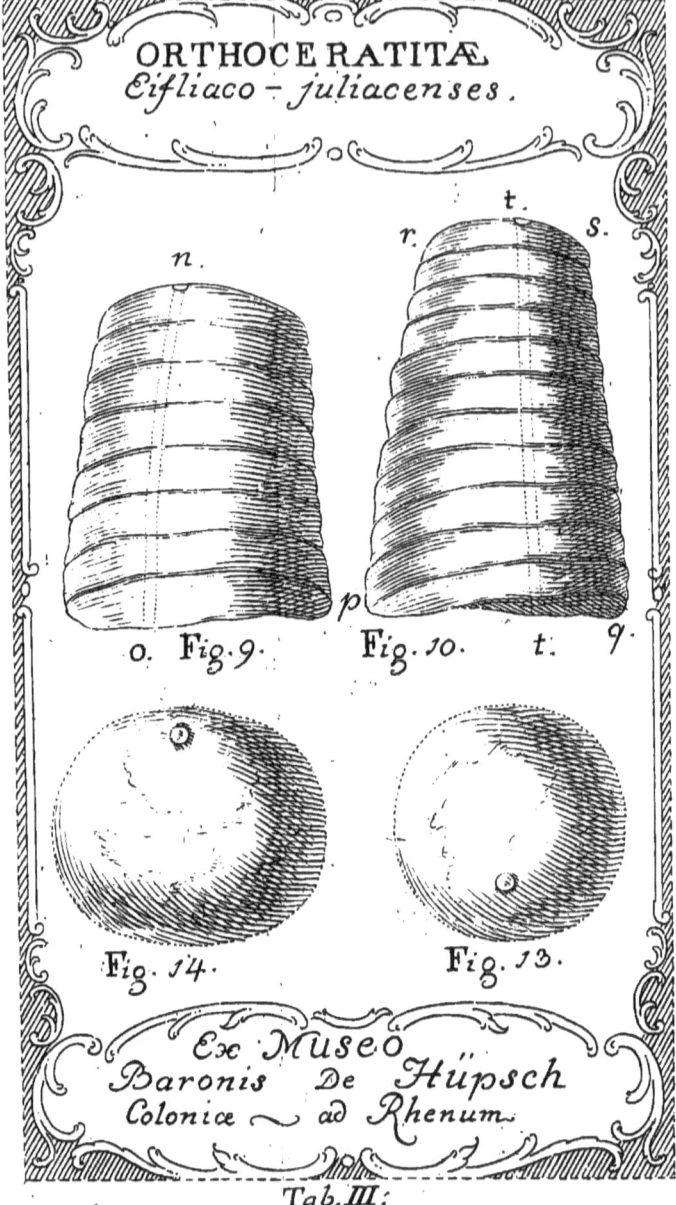

Fig. 9.   Fig. 10.

Fig. 14.   Fig. 13.

Ex Museo Baronis De Hüpsch Coloniæ ad Rhenum.

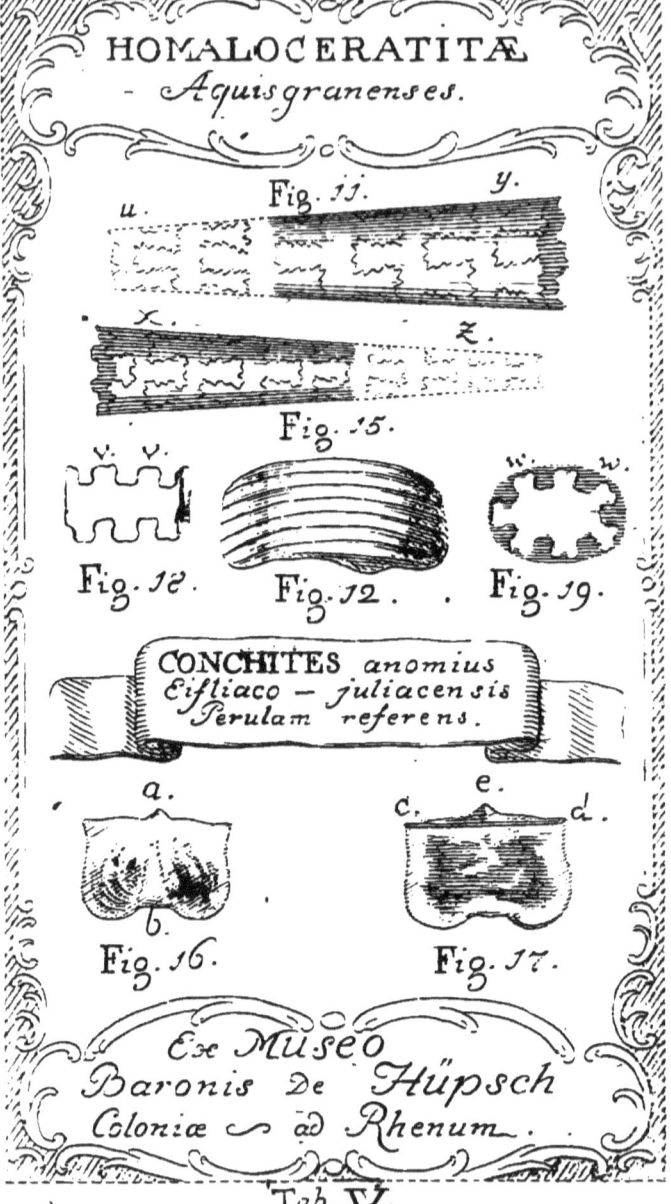

www.ingramcontent.com/pod-product-compliance
Lightning Source LLC
Chambersburg PA
CBHW030245170426
43202CB00009B/633